Recht im Internet

hessen-media Band 33, 2. Auflage

Ass. Corinna Lieberum
Dr. Martin Gegenwart
Ass. A. Wilbert

Hessisches Ministerium für Wirtschaft,
Verkehr und Landesentwicklung

HA Hessen Agentur GmbH
hessen-it
Abraham-Lincoln-Straße 38-42
65189 Wiesbaden

Telefon 0611/774-8481
Telefax 0611/774-8620
E-Mail info@hessen-it.de
Internet www.hessen-it.de

Industrie- und Handelskammer
Offenbach am Main
Frankfurter Straße 90
63067 Offenbach am Main

Telefon 069/8207-224
Telefax 069/8207-229

Redaktionsteam:
Wolf-Martin Ahrend
Wolfram Koch
Gabriele Medewisch
Dr. Martin Gegenwart (IHK)
Ass. Corinna Lieberum (IHK)
Ass. A. Wilbert (IHK)

in Zusammenarbeit mit hessen-it

Layout/Satz: WerbeAtelier Theißen, Lohfelden
Druck: Werbedruck Schreckhase, Spangenberg

ISBN 3-936598-79-7

Bibliografische Informationen der Deutschen
Bibliothek: Die Deutsche Bibliothek verzeichnet
diese Publikation in der Deutschen National-
bibliografie; detaillierte bibliografische Daten
sind im Internet über http://dnb.ddb.de abrufbar.

Das Internet ist zunehmend zum Handelsplatz für Güter, Informationen und Dienstleistungen geworden. Mit dieser Entwicklung einhergehend rücken rechtliche Fragen, die das Verhältnis zwischen den Vertragspartnern betreffen, immer weiter in den Vordergrund. So informieren sich Verbraucher über die gewünschten Waren im Internet, der Kauf selbst wird dann jedoch häufig nicht im Internet durchgeführt. Grund hierfür ist mitunter auch die Verunsicherung der Verbraucher hinsichtlich ihrer rechtlichen Absicherung. Um diesem Problem wirkungsvoll zu begegnen, wurden die bereits mit dem Teledienstgesetz geschaffenen rechtlichen Grundlagen ergänzt und erweitert: Mit dem Inkrafttreten des elektronischen Geschäftsverkehrsgesetzes (EGG) wurden die eCommerce-Richtlinien (ECRL) der EU in deutsches Recht umgesetzt.

Dieser Schritt war notwendig, um sowohl den Anbietern als auch insbesondere den Konsumenten eine Rechtssicherheit zu vermitteln, die das Vertrauen der Konsumenten in den neuen „Vertriebskanal" Internet erhöht. Denn durch das Einhalten von definierten rechtlichen Standards wird die Attraktivität des Internets als Handelsplatz langfristig erhöht, in Folge wird die Nutzerakzeptanz weiter steigen.

Diese im Rahmen der hessen-media-Reihe herausgegebene Veröffentlichung soll Ihnen einen Überblick über die derzeitige Rechtslage im Internet geben. Gleichzeitig möchten wir auf die Möglichkeit eines Web-Based Tainings zum Thema „Online-Recht" hinweisen, dass das eCommerce-Center Nordhessen (www.eccn.de) kostenfrei auf seiner Website anbietet.

Dr. Alois Rhiel
Hessischer Minister für Wirtschaft,
Verkehr und Landesentwicklung

Recht im Internet

Schriftenreihe hessen-media: Neuerscheinungen

2005

Gefunden werden im Internet (Band 32, 2. Auflage)

Recht im Internet (Band 33, 2. Auflage)

Online-Marketing für kleine und mittlere Unternehmen (Band 51)

2004

Softwareanbieter in Hessen 2004 (Band 50)

Telekommunikationsanbieter in Hessen 2004 (Band 49)

Wettbewerbsvorteile durch barrierefreie Internetauftritte (Band 48)

Domainregistrierung International (Band 47)

Wireless-LAN: Stand und Entwicklungspotenzial, Nutzungsansätze für KMU (Band 46)

hessen » Hier ist die Zukunft | media

Die komplette Schriftenreihe finden Sie im Anhang oder im Internet unter

www.hessen-media.de

(Bestellmöglichkeit und Download als PDF-Datei)

1 Domainnamen

1.1 Einleitung

Adressen im Internet, so genannte Internet-Domains, sind – auch nach der Einführung neuer generischer Top Level Domains durch die Internet Corporation for assigned Names and Numbers, der ICANN – ein äußerst knappes Gut. Das bemerken vor allem Unternehmen, die einen Internet-Auftritt planen. Für sie liegt es nahe, die Firma, also den Namen des Unternehmens, oder eine Marke zum Bestandteil der Internet-Adresse zu machen. Bereits seit längerer Zeit machen sich digitale Adressenhändler (sog. Domain-Grabber) auf die Suche nach wirtschaftlich wertvollen Kennzeichnungen, die sie reservieren lassen, um sie dann später gegen teures Geld zu verkaufen.

Zu dem gesamten Themenkomplex des Rechts der Domainnamen hat es schon eine Vielzahl von gerichtlichen Auseinandersetzungen gegeben, die letztendlich immer aus der Problematik resultieren, dass eine konkrete Adresse weltweit nur einmal vergeben werden kann.

Im folgenden wird dargestellt, wie die Anmeldung funktioniert und ob die Löschung, Herausgabe oder Übertragung der Domain auf Grund von Marken- und Namensrechten verlangt werden kann.

1.2 Praxis der Domainvergabe

Bei der Durchsetzung markenrechtlicher Vorgaben sind die Besonderheiten bei der Adressvergabe im Internet zu beachten. Jeder ans Internet angeschlossene Rechner hat eine eigene Adresse. Diese besteht aus vier Zahlenblöcken, der IP-Nummer: 123.210.191.65 (Beispiel). Bekanntlich sind Zahlen nicht so leicht zu merken, so dass die Zahlenfolgen in überschaubare alphanumerische Zeichenfolgen übersetzt werden. Heute übernehmen das Domain Name System (DNS) und die daran beteiligten Nameserver diese Aufgabe.

Domainnamen liest man von hinten nach vorne.

1.2.1 Top Level Domain (TLD)

Die letzte Buchstabenkombination (Top Level Domain) gibt eine Länderkennung an, ob die Adresse kommerziell ist oder zu einer internationalen Organisation gehört. Zum Beispiel steht „.de" für Deutschland, „.lu" für Luxemburg, „.nl" für die Niederlande, „.ch" für die Schweiz, „.com" für ein Unternehmen, „.int" für eine internationale Organisation[1].

Die ICANN, eine private non-profit-public benefit Organisation, hat im November 2000 die Einführung sieben neuer generischer Top Level Domains (gTLD) beschlossen:

Top Level Domain	Berechtigt zur Registrierung	Registrierungsstelle	Web-Adresse
.aero	Luftfahrtindustrie	Societe Internationale de Telecommunications Aeronautiques SC (SITA)	www.sita.int
.biz	Unternehmen	NeuLevel	www.neulevel.com
.coop	genossenschaftliche Organisationen	National Cooperative Business Association (NCBA)	www.ncba.org
.info	ohne Einschränkung	Afilias	www.afilias.com
.museum	Museen	Museum Domain Management Organization	www.musedoma.org
.name	Privatpersonen	Global Name Registry	www.theglobalname.org
.pro	Anwälte, Steuerberater, Ärzte	RegistryPro	www.registrypro.com

Bei den TLDs „aero", „coop" und „museum" sowie bei den in der Planung befindlichen TLDs „post" (richtet sich an Postdienstleister und deren Partner, aber auch an Briefmarkensammler) und „travel" (für Unternehmen, Organisationen aus der Reise- und Tourismusbranche) handelt es sich um so genannte gesponserte TLDs, d. h., dass sie lediglich einem dem Sponsor genehmen Kreis zur Verfügung stehen. Hinsichtlich der spezifischen Anforderungen sollte mit dem jeweiligen Sponsor Kontakt aufgenommen werden.

1 Zuständige Registrierungsstellen siehe http://www.icann.org/registrars/accredited-list.html

Beantragen mehrere Personen die Registrierung einer Domain („Affected Names") unter der neuen TLD .biz, kommt das Round-Robin-Verfahren zur Anwendung. Es erfolgt ein Abgleich mit Anträgen von Markeninhabern in einer Datenbank. Die eigentliche Vergabe wird dann in mehreren Auswahlrunden zwischen den Interessenten vorgenommen. Ähnlich ist das Verfahren bei den weiteren TLDs.

Im September 2000 hat die ICANN beschlossen, „.eu" als Country-code Top Level Domain (ccTLD) zuzulassen. Die TLD .eu soll als besondere paneuropäische Identifikation von Websites und E-Mail-Adressen dienen und steht auf einer Stufe mit .org oder .com.

Eine Registrierung für Privatpersonen in der EU und Organisationen oder Unternehmen mit dem Sitz innerhalb der Union wird im dritten Quartal des Jahres 2005 möglich sein, Registrierungsstelle ist EURid, eine non-profit-Organisation (**www.eurid.org**).

Zur Bekämpfung des Domain-Grabbing dürfte das Konzept, neue Kennungen einzuführen, nicht geeignet sein. Im Gegenteil: Es ist davon auszugehen, dass die marken- und namensrechtlichen Kollisionen durch die neuen Domainkonstellationen sogar verstärkt werden. Grundsätzlich ist jedoch diesbezüglich anzumerken, dass die Fälle des Domain-Grabbing vor deutschen Gerichten selten geworden sind.

1.2.2 Second Level Domain

Unterhalb der Top Level Domain kann der eigene Domainname oder der des Providers stehen. Die sog. Second Level Domain ist der eigentliche Namensbestandteil des Domainnamens, der - in technischer Hinsicht - frei gewählt werden kann, wenn er noch nicht vergeben ist.

Beispiel: www.offenbach.ihk.de

Um eine eigene Domain zu bekommen, kann man sich an einen der vielen Provider wenden oder - allerdings ausschließlich für die TLD .de - direkt an das

> Deutsches Network Information Center DENIC eG[2]
> Verwaltungs- und Betriebsgesellschaft, Wiesenhüttenplatz 26
> 60329 Frankfurt am Main, Telefon 01802/336420 oder
> 069/27235-270, Fax 069/27235-235
>
> **www.denic.de**

2 Deutsches Network Information Center

Dort kann man Domainnamen telefonisch, per Fax oder per Briefpost beantragen. Die von den Providern verlangten Kosten können sehr unterschiedlich sein – insofern empfiehlt sich ein genauer Preisvergleich.

Die Vergabeprinzipien des DENIC sind simpel: „First come – First served". Die Vergabestelle prüft nur, ob der Domainname bereits vergeben ist; ob durch eine Anmeldung Rechte Dritter verletzt werden könnten, prüft sie dagegen grundsätzlich nicht. Ausnahmen bestehen lediglich dann, wenn eine Rechtswidrigkeit der Verwendung der Domain offensichtlich ist. Eine solche Offensichtlichkeit wird von der Rechtsprechung dann angenommen, wenn der DENIC ein Urteil oder eine Vereinbarung der Parteien bekannt ist, bzw. vorgelegt wird.

Häufig melden Unternehmen ihre Firma bzw. Unternehmensbezeichnung oder eine Abkürzung derselben bei der DENIC an. So sind sie im Internet leicht aufzufinden, da der Internetnutzer mit Eingabe der Unternehmensbezeichnung unter Hinzufügung des **www.** direkt auf die gewünschte Website gelangt.

Dabei kann es aber zu Konflikten kommen, wenn die gewünschte Domain bereits vergeben ist – im Dezember 2004 waren bereits über 8 Millionen .de-Domains bei der DENIC registriert. Nach den Vergabebedingungen der DENIC und der ständigen Rechtsprechung liegt die Verantwortung für marken- oder namensrechtliche Folgen aus der Registrierung des Domainnamens beim Antragsteller (**www.denic.de/de/richtlinien.html**). Der Antragsteller versichert der DENIC gegenüber, dass er die Einhaltung kennzeichenrechtlicher Vorgaben geprüft hat und keine Anhaltspunkte für die Verletzung von Rechten Dritter vorliegen.

Die hinter der vergebenen Domain stehende Person oder das Unternehmen lässt sich leicht bei der DENIC eG abfragen (**www.denic.de/de/whois/index.jsp**). Der so ermittelte Antragsteller kann, wie die nachfolgende Darstellung zeigt, nachträglich auf Unterlassung in Anspruch genommen werden. Ein Anspruch kann sich auch auf Löschung der Domain richten.

1.3 Schutz nach dem BGB und Markengesetz

Bislang sind mehrere hundert Entscheidungen zu Rechtsstreitigkeiten über Domainnamen veröffentlicht. Beispielsweise hat sich das Recht an der Firma „Rolls-Royce" gegen den Domainnamen „rollsroyce.de" durchgesetzt. Das Oberlandesgericht München verurteilte den Domaininhaber, die Adresse heraus zu geben (Urteil vom 12.08.1999 - 6 U 4484/98). Zur Begründung verwies das Gericht auf Namensrechte nach dem Bürgerlichen Gesetzbuch (BGB) und aus dem Markengesetz (MarkenG).

Ein Anspruch auf Übertragung der Domain auf den obsiegenden Kläger kann jedoch vor Gericht nicht geltend gemacht werden. Grund hierfür ist der Umstand, dass nicht ausgeschlossen werden könne, dass ein Dritter noch bessere Rechte als der Kläger hat (Urteil des BGH vom 22.11.2001, Az.: I ZR 138/99).

1.3.1 Kollisionsrechtliche Vorfragen

Das Markenrecht steht an der Schnittstelle von Wettbewerbs- und Immaterialgüterrecht. Das anwendbare Recht bestimmt sich nach dem Territorialitätsprinzip - es entscheidet die Möglichkeit des Abrufs der Domain. Anwendbar ist das Recht am Ort des (möglichen) technischen Abrufs, also jedwedes Recht eines beliebigen Staates (sog. fliegender Gerichtsstand). Etwas anderes gilt nur für die sonstigen Kennzeichenrechte (§§ 12, 823 BGB). Hier ist das Recht des Staates anzuwenden, dessen Staatsangehörige zu den bestimmungsgemäßen Nutzern des Angebots zählen (so OLG Karlsruhe, Urteil vom 9.6.1999, K&R 1999, S. 423 - Bad-Wildbad.com; nach Ansicht des OLG Karlsruhe, MMR 2002, 814, sollen diese Erwägungen auch Anwendung finden auf die markenrechtlichen Kennzeichenrechte).

1.3.2 Schutz nach dem Markengesetz

Gemäß § 5 MarkenG werden Unternehmenskennzeichen als geschäftliche Bezeichnungen geschützt. Unternehmenskennzeichen sind Zeichen, die im geschäftlichen Verkehr als Name, Firma oder als besondere Bezeichnung eines Geschäftsbetriebs bzw. eines Unternehmens benutzt werden. Der besonderen Bezeichnung eines Geschäftsbetriebs stehen solche Geschäftsabzeichen und sonstige zur Unterscheidung des Geschäftsbetriebs bestimmte Zeichen gleich, die innerhalb beteiligter Verkehrskreise als Kennzeichen des Geschäftsbetriebs gelten (§ 5 Abs. 2 MarkenG).

Eine Marke kann grundsätzlich jedes Zeichen sein, das heißt neben Wörtern auch Abbildungen, Hörzeichen, Farben und Farbgestaltungen, solange sie geeignet sind, Waren und Dienstleistungen von denen anderer Unternehmen zu unterscheiden.

Eine geschäftliche Bezeichnung sind alle Zeichen, die als Name oder Firma ein Unternehmen oder einen Betrieb im Geschäftsverkehr kennzeichnen. Hier ist keine Eintragung erforderlich, es genügt die Benutzungsaufnahme.

Für alle diese Kennzeichen müssen folgende Voraussetzungen erfüllt sein:

- zeitliche Priorität, § 6 MarkenG (Tag der Anmeldung bzw. der Benutzungsaufnahme)
- schutzwürdiges Interesse.

Das schutzwürdige Interesse kann sich grundsätzlich aus einer Verwechslungsgefahr ergeben, wenn die verwandten Kennzeichen identisch oder ähnlich sind und die Waren/Dienstleistungen bzw. die Branche ebenfalls identisch oder ähnlich sind (§§ 14 Abs. 2, 15 Abs. 2 MarkenG). Ausnahmsweise kann sich das schutzwürdige Interesse auch aus einer Verwässerungsgefahr ergeben, wenn die verwandten Kennzeichen identisch oder ähnlich sind und ein bekanntes oder berühmtes Kennzeichen mit „überragender Schlag- und Werbekraft" vorliegt.

Ⓐ Domains als Unternehmenskennzeichen

Auch im Internet genießen nach herrschender Meinung Unternehmenskennzeichen den Schutz des Markengesetzes. Für Domains wird jedoch in der älteren Literatur teilweise eine unmittelbare Anwendbarkeit kennzeichenrechtlicher Grundsätze abgelehnt, weil der Domainname in erster Linie Zuordnungsfunktion für einen bestimmten Computer und nicht für eine bestimmte Person habe. Diese Auslegung verkennt jedoch, dass Domains heute besonders von Unternehmen bewusst kennzeichenmäßig genutzt werden: als Marketinginstrument werden sie zur Kennzeichnung eines Unternehmens oder eines Produkts im WWW ausgesucht und eingesetzt (vgl. OLG Köln, NJW-CoR 1999, 171; OLG München, ZUM 2000, 71). Zunehmend wird auch die Firma so gewählt, dass sie mit Logo und Domain übereinstimmt. Das Kammergericht Berlin hat entschieden, dass eine mehrjährige Nutzung der Domain, Kennzeichenrechte des Domaininhabers begründen kann. Diese können im Einzelfall das gleiche rechtliche Gewicht wie ein Markenrecht haben (vgl. KG, CR 2004, 301 - arenaberlin.de).

Ⓑ Benutzung im geschäftlichen Verkehr

Das Markenrecht setzt eine „Benutzung im geschäftlichen Verkehr" voraus. Eine Verwendung durch private Anwender fällt damit nicht unter den Anwendungsbereich. Es mehren sich jedoch Stimmen in der Literatur, die eine Anwendung des Markengesetzes zumindest auch dann annehmen, wenn Anhaltspunkte für eine geplante geschäftliche Nutzung vorliegen oder ein Angebot zum entgeltlichen Rückerwerb vorliegt, in welchem ein Indiz für eine Gewerbeabsicht gesehen werden kann. Die Rechtsprechung erkennt bereits bei einer Werbung, die mit einer Website verbunden ist, eine Benutzung im geschäftlichen Verkehr (Beschluss des LG Hamburg vom 01.03.2000, MMR 2000, 436).

Eine kennzeichenmäßige Benutzung wird vom OLG Hamburg dann abgelehnt, wenn die Verwendung der Bezeichnung - hier Schufa und AWD - lediglich in rein produktbeschreibender Form erfolgt (vgl. OLG Hamburg, JurPC Web-Dok. 194/2004 - schufafreierkredit.de und K&R 2004, 348 - awd-aussteiger.de).

Verwechslungsgefahr

Unterstellt man die Anwendbarkeit des Markenrechts, so kann jedes Unternehmen nach § 15 Abs. 2 und 4 MarkenG die Verwendung seines Kennzeichens in einer Internet-Adresse durch einen Konkurrenten verbieten. Auch nicht-konkurrierenden Unternehmen ist die Benutzung fremder, bekannter Kennzeichen in der Adresse verboten, soweit dies zu einer Ausnutzung bzw. Beeinträchtigung der Unterscheidungskraft oder Wertschätzung führt (§ 15 Abs. 3 MarkenG). Eine Entscheidung hinsichtlich der Verwechslungsgefahr ist erst dann zu treffen, wenn alle Umstände für die Beurteilung berücksichtigt wurden. Danach ist es erforderlich, dass die Interaktion zwischen den gesamten Faktoren, wie die Ähnlichkeit der Marken und die Ähnlichkeit der mit ihnen gekennzeichneten Waren sowie die Kennzeichnungskraft der älteren Marke, bewertet wird. Eine Verwechslungsgefahr kann somit bereits dann bejaht werden, wenn der Eindruck entsteht, Domaininhaber und Inhaber des Markenrechts könnten zusammenarbeiten - ein solcher Eindruck kann insbesondere durch die Verwendung von Frames oder Links hervorgerufen werden.

Bei Branchenverschiedenheit kann eine Verwechslungsgefahr in der Regel nicht angenommen werden. Dennoch ist das OLG Hamm in seiner „Krupp-Entscheidung" aufgrund der überragenden Verkehrsgeltung des Unternehmens Krupp, das „für eine ganze Epoche deutscher Industriegeschichte stehe und fast zum Synonym für die Stahlindustrie schlechthin geworden sei", nicht nur von einer Verwässerungs-, sondern auch von einer Verwechslungsgefahr ausgegangen (Urteil vom 13.01.1998, MMR 1998, 214). Eine Rufausbeutung wird bei bekannten Kennzeichen dann angenommen, wenn der User ohne die Verwendung dieses Kennzeichens nicht zu der Website gelangt wäre (vgl. OLG München, K&Recht 1998, 363). Auch das OLG Hamburg hat in seiner Entscheidung zu der Domain „holzmann-bauberatung.de" klargestellt, dass aufgrund der überragenden Bekanntheit der Philip Holzmann AG der Bauberater mit seiner Domain einen hinreichend Abstand von der Holzmann-Domain halten müsse (vgl. MMR 2004, 107 f.).

Schutz gegen ähnliche Domains

Die Rechtsprechung erkennt bei einfachen Beschaffenheits- und Bestimmungsangaben ein überwiegendes Freihaltebedürfnis der Allgemeinheit, vor allem für die Second-Level-Domain, an. Ein Schutz gegen ähnliche Domains hingegen besteht nicht, so dass „schon durch geringfügige Abwandlungen oder Zusätze die tatsächliche Sperrwirkung überwunden werden kann" (vgl. OLG Frankfurt - Beschluss vom 13.02.1997, WRP 1997, 341f.). So hat das LG Koblenz (siehe MMR 2000, 571) die Nutzung des Domainnamens „allesueberwein.de" trotz der bereits bestehenden Domain „alles-ueber-wein.de" im Rahmen einer einstweiligen Verfügung nicht verboten. Durch die unterschiedliche Schreibweise erkenne der Internetnutzer, dass diesen Domainnamen unterschiedliche Personen oder Unternehmen zugeordnet seien. Nach Ansicht des OLG Rostock gilt dies nicht, soweit eine Unterscheidung lediglich aufgrund der Verwendung von Umlauten oder aufgrund von Groß-/Kleinschreibung vorliegt (vgl. MMR 2001, 128).

Maßgebend bei der zu prüfenden Verwechslungsgefahr bei Verwendung ähnlich klingender Domains ist allein die Second-Level-Domain. Bei der Reservierung von Internet-Domainnamen kann bereits ein unauffälliges Satzzeichen, wie der Bindestrich, einen großen Unterschied machen. Bei der Registrierung über die DENIC werden Bindestrich-Domains als neue Schreibweise identifiziert und daher meist bedenkenlos zugeteilt. Dieser Ansicht folgt die neueste Rechtsprechung unter Verweis auf die Tatsache, dass die Internet-Nutzer mittlerweile bei der Verwendung des Internet so erfahren sind, dass ihnen die Bedeutung eines Bindestrichs in einem Domain-Namen bewusst ist.

Es muss jedoch darauf hingewiesen werden, dass die einzelnen Gerichte unterschiedliche Ansichten zu den jeweiligen Punkten vertreten.

„.com"-Adressen

Bei den „.com"-Adressen drohen oft Kollisionen zwischen dem Inhaber ausländischer und deutscher Kennzeichen, wie z. B. bei Verwendung der Bezeichnung „persil.com" für die britische Firma Unilever. Die Schwierigkeit liegt bei diesen Fällen in der Durchsetzung von Unterlassungsansprüchen. Denn wenn sich nur die Top-Level-Domain ändert, besitzen beide Domaininhaber für ihren jeweiligen kennzeichenrechtlichen Schutzbereich ihre Berechtigung. Den Anspruch auf die Nutzung der Domain im jeweiligen Heimatland zu beschränken, ist technisch nicht durchsetzbar. Das Kammergericht hat daher in der Concept-Entscheidung entschieden, dem Störer die Berufung auf die Einschränkung für den weltweiten Abruf zu verweigern (vgl. KG, Urteil vom 25.03.1997, NJW 1997, 3321).

Die überwiegende Rechtsprechung erkennt den TLDs (noch) keine Unterscheidungskraft zu, es sei denn, es handelt sich um einen Gattungsbegriff oder den Namen einer Stadt (vgl. OLG Stuttgart, K&R 1998, 265 - steiff.com; OLG Karlsruhe, MMR 1999, 604 - badwildbad.com; KG, NJW 1997, 3321 - concertconcept.com; OLG München, MMR 2000, 100; LG Hamburg, Urteil vom 21.02.2003, Az.: 416 O 1/03 - handy.de). Anderer Ansicht ist diesbezüglich lediglich das OLG Düsseldorf, dass eine Verwechslungsgefahr verneinte, weil der TLD .de eine „nicht zu unterschätzende Bedeutung" zukomme (vgl. OLG Düsseldorf, JurPC Web-Dok.37/2002 - versicherungsrecht.de).

Etwas anderes gilt nach der Auffassung des OLG Hamburg nur dann, wenn die TLD eine beschreibende Funktion hat. Die Verwendung der TLD .ag (für Antigua und Barbuda) ist ausschließlich Unternehmen vorbehalten, die in Form einer Aktiengesellschaft organisiert sind, andernfalls würde eine wettbewerbswidrige Irreführung nach § 3 UWG a. F. vorliegen (vgl. K&R 2004, 492 - tipp.ag)

Ⓕ Gleichnamigkeit

Im Hinblick auf die Frage, ob ein in lauterer Weise aus dem eigenen Namen abgeleiteter Domainname benutzt werden darf, hat das OLG Hamm entschieden, dass der Inhaber eines bekannten Firmenschlagwortes (Krupp) gegenüber dem prioritätsjüngeren Anwender bei Gleichnamigkeit einen Unterlassungsanspruch hat (OLG Hamm, Urteil vom 13.01.1998, MMR 1998, 214). Denn es sei dem Träger des bürgerlichen Namens nach Abwägung aller Interessen zumutbar, den mit dem Firmenschlagwort identischen Domainnamen durch geringfügige Zusätze zu ändern, um eine Verwässerungs- bzw. Verwechslungsgefahr zu vermeiden. Handelt es sich allerdings nicht um eine bekannte Firma oder einen „normalen" Städtenamen, gilt der Prioritätsgrundsatz (vgl. LG Paderborn, MMR 2000, 49; LG Hamburg, Urteil vom 01.08.2000, Az.: 312 O 328/00; OLG Koblenz, MMR 2002, 466).

Möglich wäre auch eine Lösung über eine Abgrenzungsvereinbarung aufgrund derer für beide Kennzeichenrechtsinhaber ein einheitliches Portal geschaffen wird. Beim sogenannten „Domain Name-Sharing" erscheint beim Aufrufen des Domainnamens anstelle der Homepage des Domainnamen-Inhabers eine Portal-Seite, die - neben einer kurzen Einleitung - lediglich Hyperlink-Verknüpfungen zu den Websites der Unternehmen enthält, die sich den Domainnamen teilen (siehe etwa „winterthur.ch.").

Ⓖ Gattungsbegriffe

Schwierig ist die Frage, ob Gattungsbegriffe und beschreibende Angaben wie „schokolade.de" oder „schornsteinfeger.de" als Domainnamen registriert werden können. Grenzen für die Wahl solcher Beschreibungen könnten sich aus § 3 UWG ergeben.

Eine Verletzung von § 3 UWG könnte unter dem Gesichtspunkt des Vorsprungs durch Rechtsbruch aufgrund einer Nichtbeachtung eines Freihaltebedürfnisses für Domains in analoger Anwendung von § 8 MarkenG in Betracht kommen. Eine Analogie wird von den Gerichten aber verneint, weil der Gesetzgeber die Domains nicht im Markengesetz geregelt hat, obwohl er sich des Problems der Kollision von Marken und Domains bewusst ist. Das Markenrecht sei bisher auch nicht mit dem Eintragen oder Betreiben von Domains vergleichbar, weil bei der Registrierung von Domains keine staatliche Kollisionsüberprüfung erfolge.

Das OLG Hamburg (Urteil vom 13. Juli 1999, MMR 2000, 40), das über die Domain „Mitwohnzentrale.de" zu entscheiden hatte, schloss eine entsprechende Anwendung der Regelung des § 8 MarkenG auf die Domainregistrierung ebenfalls aus. Das Gericht sah jedoch die Verwendung der Domain durch einen Verband von Wohnvermittlungsagenturen unter dem Gesichtspunkt der Kanalisierung von Kundenströmen als wettbewerbswidrig im Sinne von § 1 UWG a. F. an. Ein nicht unerheblicher Teil der Nutzer würde vielfach nicht über den mühseligen Weg der Suchmaschinen nach Adressen recherchieren, sondern durch die direkte Eingabe der Domain. Dadurch würden sie verleitet, auf der einmal angesteuerten Internetseite stecken zu bleiben und sich keine weiteren Gedanken über Konkurrenzangebote zu machen.

Das Gericht ließ jedoch die Frage offen, ob in der Verwendung der Gattungsbezeichnung außerdem im Sinne von § 5 UWG eine Irreführung des Verbrauchers liegt. Es bezweifelt jedoch, dass Nutzer unter Domains wie „anwalt.de", „reise.de" oder „wirtschaft-online.de" eine vollständige Übersicht über die Anbieter der jeweiligen Branche erwarten.

Seit der Entscheidung des OLG Hamburg waren eine Vielzahl von im Ergebnis gleich lautenden Instanzentscheidungen ergangen. So hatte das LG Köln die Verwendung der Internetdomains „Hauptbahnhof.de", „Zwangsversteigerungen.de" und „Zwangsversteigerungskalender.de" untersagt. Das LG München I verbot „Rechtsanwaelte.de". Andere Gerichte vertraten die Auffassung, die Verwendung von Gattungsbegriffen alleine führe noch nicht zu einer wettbewerbswidrigen Kanalisation von Kundenströmen (vgl. OLG Braunschweig, MMR 2000, 610).

Der Bundesgerichtshof hat am 17. Mai 2001 anlässlich des Streitfalls um die Domain „mitwohnzentrale.de" erstmalig in höchstrichterlicher Rechtsprechung Stellung zur Zulässigkeit von Gattungsbezeichnungen als Domain genommen. In einer Grundsatzentscheidung hat der BGH die Verwendung allgemeiner Branchenbezeichnungen als Internetadresse für zulässig erklärt, insbesondere liegt kein Verstoß gegen die guten Sitten im Sinne vom § 1 UWG a. F. vor (Az. I ZR 216/99).

Ein Verbraucher, der den Einsatz von Suchmaschinen als lästig empfinde und stattdessen direkt einen Gattungsbegriff als Internetadresse eingebe, sei sich im Allgemeinen über die Zufälligkeit des gefundenen Ergebnisses im Klaren. Des Weiteren stellt der BGH klar, dass von einer Branchendomain an sich keine unzulässige Kanalisierung von Kundenströmen ausgehe. Der Domaininhaber habe „nur einen sich bietenden Vorteil genutzt, ohne dabei in unlauterer Weise auf bereits dem Mitbewerber zuzurechnende Kunden einzuwirken".

Auch dem vom OLG Hamburg ins Spiel gebrachten Argument des markenrechtlichen Freihaltebedürfnisses erteilte der BGH eine Absage, da kein Ausschließlichkeitsrecht drohe. Der Kläger und andere Mitbewerber seien nicht gehindert, in ihrer Werbung oder in ihrem Namen den Begriff „Mitwohnzentrale" zu verwenden.

In der praktischen Konsequenz der Entscheidung wird damit der Gedanke des „first come, first served" bei der Internetregistrierung gestärkt. Soweit keine Marken-, Namens- und Persönlichkeitsrechte Dritter verletzt werden, gehört künftig dem Schnelleren der entsprechende „Cyber-Raum".

Grenzen zieht der BGH jedoch dort, wo Rechtsmissbrauch drohe, etwa wenn die Branchenbezeichnung sowohl in ähnlichen Schreibweisen als auch unter verschiedenen Top Level Domains vom Verwender „blockiert" werde (vgl. BGH, NJW 2001, 3262). Auch müsse vom OLG Hamburg noch geprüft werden, ob die Kennung „Mitwohnzentrale" nicht eine Irreführungsgefahr heraufbeschwöre, weil der Eindruck entstehen könnte, dass es sich um das einzige oder maßgebliche Angebot unter der Gattungsbezeichnung handle. Die Notwendigkeit dieser beiden Einschränkung sind in der Literatur jedoch bezweifelt worden (siehe Abel, WRP 2001, 1426, 1429 ff.; Beater, JZ 2002, 278 f.).

Darüber hinaus erkennt die Rechtsprechung (vgl. OLG Hamm, K&R 2003, 522) dann einen Verstoß gegen das Wettbewerbsrecht in Form einer Spitzenstellungsbehauptung, wenn außer einem Gattungsbegriff noch ein Ortsname zusätzlich verwandt wird, z. B. **www.tauchschule-dortmund.de**, **www.rechtsanwaelte-koeln.de**.

1.3.3 Titelschutz nach § 5 Abs. 3 Markengesetz

Einen speziellen Schutz für den Titel von Büchern und Zeitschriften sieht § 5 Abs. 3 MarkenG vor. Der BGH hat in den Entscheidungen „FTOS" und „PowerPoint" einen Titelschutz auch für Software zugelassen (Beschluss vom 24.04.1997- I ZR 44/95).

Für die Reichweite des Titelschutzes gegen Provider ist die Entscheidung des Landgerichts Köln „Karriere" einschlägig (Beschluss vom 10.05.1996 - 31 O 315/96). Die Verlagsgruppe Handelsblatt setzte sich erfolgreich gegen die Verwendung des Wortes „Karriere" als Teil einer Domain zur Wehr (**www.karriere.de**), in dem sie sich auf den Titelschutz für die Verlagsbeilage des Handelsblattes „Karriere" berief.

Eine andere Auffassung vertritt allerdings das LG Hamburg mit Urteil vom 13. August 1997 („bike.de", siehe MMR 1998, 46), in dem es betont, dass ein Titelschutz nur dann geltend gemacht werden könne, wenn der Titel nicht nur erkennbar beschreibender Natur ist, sondern einen Hinweis auf eine unter den angesprochenen Verkehrskreisen besonders bekannte Zeitschrift darstellt.

Diese Voraussetzungen sah das OLG Hamburg im Fall der Zeitschrift „Eltern" erfüllt. Sowohl gegen den Betreiber der Domain „eltern.de" als auch gegen den Betreiber der Domain „eltern-online.de" bejahte das Gericht einen Anspruch auf Unterlassung und Löschung der Domain (vgl. OLG Hamburg, K&R 1998, 365 und MMR 2004, 174).

1.3.4 Allgemeiner Namensschutz nach § 12 BGB

Gefestigte Rechtsprechung ist inzwischen, dass Domainnamen trotz ihrer freien Wählbarkeit dem Schutz des § 12 BGB unterfallen (OLG Köln, Urteil vom 6. Juli 2000, MMR 2001, 170).

§ 12 BGB umfasst als lex generalis sowohl das Markengesetz als auch § 37 HGB und schützt den Namen sowohl natürlicher Personen, als auch Künstler- und Berufsnamen und die Namen juristischer Personen, insbesondere die Firma. Nicht geschützt sind Gattungsbezeichnungen, wie Volksbank (vgl. BGH, NJW-RR 1992, 1454) oder Datenzentrale (vgl. BGH, GRUR 1977,

503). Die Bezeichnung von Kommunen ist grundsätzlich auch, falls die Bezeichnung der Kommune Teil einer Domain ist, namensrechtlich geschützt (vgl. OLG Karlsruhe, K&R 1999, 432 -Bad.Wildbad.com). Denn es handelt sich nach allgemeiner Auffassung nicht nur um eine Herkunftsbezeichnung, die gemäß § 8 Abs. 2 Ziff. 2 MarkenG nicht schutzfähig wäre, sondern um einen durch § 12 BGB geschützten Namen.

Vergleichbares gilt für Stadtteilnamen, Landkreise, Bezirke, Länder oder auch für die Bundesrepublik Deutschland selbst („deutschland.de", LG Berlin, MMR 2001, 57). Lediglich der Schutz bei kleinen Gemeinden ist nicht so weitgehend (OLG München, MMR 2001, 692).

Zu beachten ist, dass zwar grundsätzlich jeder zur Verwendung seines Namens berechtigt ist. Es darf jedoch nicht der unrichtige Eindruck erweckt werden, der Namensträger habe dem Gebrauch seines Namens durch Dritte zugestimmt (sog. Zuordnungsverwirrung). Insbesondere bei Bezeichnungen juristischer Personen oder aus der Betreiberfirma abgeleiteten Abkürzungen und Schlagworten ist daher zu prüfen, welcher Name zuerst Verkehrsgeltung hatte und demgemäß namensmäßig benutzt werden darf.

Für die Frage, ob in jeder Verwendung eines Städtenamens als Teil einer Domain eine Namensanmaßung liegt, ist stets entscheidend, was der überwiegende Teil der Nutzer unter dem Begriff der Second-Level-Domain versteht. Eine Gemeinde mit dem Namen „Winzer" kann daher nicht gegen die Verwendung dieses Begriffs vorgehen, den die meisten als Gattungsbegriff verstehen (LG Deggendorf, siehe CR 2001, 266; ebenso für den Gemeindenamen Vallendar).

Die Verwendung eines fremden Namens für ein Internetangebot, das kritisch über das Unternehmen mit diesem Namen berichtet, kann vom Grundrecht auf Meinungsfreiheit geschützt sein (vgl. KG, MMR 2002, 686; OLG Hamburg, Urteil vom 18.12.2003, Az.: 3 U 117/03)

1.4 Rechtsschutz

Bemerkt ein Unternehmen, dass die Verwendung einer Internet-Domain seine Rechte verletzt, muss es zunächst herausfinden, wer der Domaininhaber ist. Hierfür stellt die DENIC e.G. unter **www.denic.de/de/whois/index.jsp** ein Online-Rechercheprogramm zur Verfügung.

Im Rahmen einer Rechtsverfolgung kommt eine Abmahnung an den Domaininhaber in Betracht, die, sofern ein Anwalt zugezogen wurde, bereits Kosten für den Abgemahnten mit sich bringt. In dieser Abmahnung würde der Domaininhaber aufgefordert, die rechtswidrig verwendete Domain nicht mehr zu nutzen und sie bei der DENIC löschen zu lassen. Darüber hinaus sollte eine Vertragsstrafe vereinbart werden für den Fall, dass der Domainname weiter verwandt wird. Bei Zuwiderhandeln wird die Vertragsstrafe fällig.

Gerade hartnäckige „Domain-Grabber" unterwerfen sich einer solchen Abmahnung aber nicht. Sie lassen Unternehmens- oder Markennamen als Domain eintragen und versuchen hieraus Kapital zu schlagen, indem sie dem Rechtsinhaber die Domain nur gegen Bezahlung übertragen wollen. In solchen Fällen empfiehlt sich die Inanspruchnahme gerichtlicher Hilfe.

Das LG München II (Urteil vom 14.9.2000, Az.: W 5 KLs 70 Js 12730/99) sah in Domain-Grabbing nicht nur eine strafbare Markenverletzung, sondern auch den Tatbestand der Erpressung nach § 253 StGB erfüllt. Vorausgesetzt wird dabei, dass der Domaininhaber kein eigenes nachvollziehbares Interesse an der Domain hat (vgl. auch OLG Frankfurt, Beschluss vom 12.04.2000, Az.: 6 W 33/00). In zivilrechtlicher Hinsicht kommt bei einem solchen Fall auch eine Unterlassungsklage wegen Sittenwidrigkeit nach den §§ 826, 1004 BGB in Betracht. Ferner besteht grundsätzlich die Möglichkeit, eine vorbeugenden Unterlassungsklage zu erheben.

Üblich ist die einstweilige Verfügung, falls der Domainname weiter benutzt wird. In der Regel erkennen die Gerichte inzwischen einen den Unterlassungsanspruch ergänzenden Beseitigungsanspruch an, nach dem der Antragsgegner einen Verzicht auf den zukünftigen Gebrauch des Domainnamens vor dem DENIC zu erklären hat (vgl. LG Düsseldorf, CR 1998, 165 - epson.de; OLG München, CR 1998, 556 - freundin.de).

Einige Gerichte hatten zwar einen Anspruch auf Übertragung des Domainnamens zuerkannt, so das OLG München I (MMR 1999, 427 - shell.de); dies wird jedoch von der weit überwiegenden Meinung in der Rechtsprechung abgelehnt (vgl. nur OLG Hamm, NJW-CoR 1998, 175 - Krupp). Auch der Bundesgerichtshof hat in seiner Revision der Shell-Entscheidung darauf hingewiesen, dass eine Übertragung der Domain innerhalb eines solchen Verfahrens nicht in Betracht komme (vgl. MMR 2002, 382).

Zuständig für einen Rechtsstreit über Domainnamen sind gemäß § 32 ZPO grundsätzlich die Zivilgerichte, in deren Bezirk die Internet-Domain abrufbar ist, also im Zweifel jedes deutsche Zivilgericht (LG München I, Urteil vom 8.12.1999).

Streitschlichtung

Ansprüche auf Domainnamen im Bereich der Top Level Domains .com, .net, .org können auch bei außergerichtlichen Schiedsstellen geltend gemacht werden. Hinzu kommen die länderspezifischen Codes einzelner Inselstaaten (siehe dazu die Liste unter **www.arbiter.wipo.int/domains/ccTLD/index.html**). Die ICANN verabschiedete dazu kurz vor ihrer ersten Jahrestagung im August 1999 die „Uniform Dispute Resolution Policy" (UDRP) (**www.icann/udrp-policy-24.oct.99.htm**). Auch die neuen gTLDs .info und .biz fallen unter die UDRP.

Markeninhaber können sich an von der ICANN akkreditierte Schiedsstellen wenden, wenn eine registrierte Domain mit ihrem Markennamen identisch ist oder ihm „in verwirrender Weise ähnelt". Ein Anspruch auf die Domain entsteht jedoch nur dann, wenn zugleich festgestellt werden kann, dass die Registrierung und Nutzung bösgläubig erfolgte (WIPO Case D2004-0093 vom 27.04.2004 - harrodsalon.com). Die in der Regel vom Antragsteller zu tragenden Kosten des Verfahrens liegen zwischen 1.500 und 3.000 US-$. Der Rechtsweg steht den Beteiligten allerdings auch nach dem Schiedsspruch offen. Erst nach Ablauf der zehntägigen Klagefrist setzt der ICANN-Registrator die Entscheidung - etwa durch Löschung der Domain - um. Das Verfahren dürfte daher vor allem für

Rechtsstreitigkeiten im transnationalen Bereich interessant sein. Hier kann der Antragsteller von den kurzen Fristen profitieren; insgesamt dauert das Verfahren selten länger als zwei Monate. Zahlreiche Fälle des offensichtlichen Domain-Grabbings werden auf diesem Wege schnell und kostengünstig entschieden.

Bei der DENIC will man die Praxis der Schiedsverfahren erst einmal beobachten und sich als Vergabestelle so weit wie möglich aus den Markenrechtsstreitigkeiten heraushalten.

B Pfändung von Domains

Hinsichtlich der Pfändung von Domainnamen bestehen unterschiedliche Aussagen einzelner Gerichte. Das LG München kam zu dem Ergebnis, dass Domainnamen nicht als „selbstständig pfändbare und unter Mitwirkung der Vollstreckungsorgane verwertbare Rechte" anzusehen sind. Zwar dürfen die registrierten Internetnamen verkauft oder auf andere Personen übertragen werden. Nach Überzeugung des Gerichts liegt für den durchschnittlichen Internetnutzer die Funktion der Domain aber darin, einen Hinweis auf ihren Inhaber, dessen Wirkungskreis, Waren und Dienstleistungen zu geben. Der Handel mit Domainnamen wird von den Richtern aber als Nebenfolge und nicht als Zweck des Vergabesystems angesehen. Das LG Essen hatte hingegen 1999 eine Pfändung zugelassen. Auch das LG Düsseldorf ist zu dem Ergebnis gekommen, dass die Adressen pfändbar seien. Wie die Richter in dem Beschluss vom 16. März 2001 (25 T 59/01) schreiben, handelt es sich bei Domains um geldwerte Rechte, die gehandelt, vermietet und abgetreten werden können. Daher spreche nichts dagegen, sie nach den Bestimmungen der Zivilprozessordnung grundsätzlich der Pfändung zu unterwerfen.

Unabhängig von diesem Streit ist eine Pfändbarkeit der Konnektierungsansprüche des Domainninhabers gegen die DENIC im Wege der Forderungspfändung nach § 857 BGB inzwischen anerkannt (siehe LG Langenfeld, CR 2000, 477; LG Mönchengladbach, Urteil vom 22.09.2004, Az.: 5 T 445/04; Hanloser, CR 2001, 344 f.).

1.5 Freigabe der Domain und die Rolle der DENIC

Bislang ungeklärt ist die Frage, wie die Beseitigung der rechtswidrigen Lage gegenüber der DENIC, der zentralen Registrierungsstelle für Domains in Deutschland, vorzunehmen ist. Teilweise gehen die Gerichte davon aus, dass die Zwangsvollstreckung nach § 890 ZPO laufe. Durch das Aufrechterhalten der Registrierung behalte sich der Nutzer das Anbieten einer Leistung vor, so dass bei einem Verstoß gegen eine Unterlassungsverpflichtung ein Ordnungsgeld zu verhängen sei. Andere Gerichte verurteilen den Verletzter in der Regel zur Abgabe einer „Willenserklärung" gegenüber der DENIC mit dem Inhalt, die Domainreservierung löschen zu lassen.

Wer zur Löschung verurteilt worden ist, hat dafür Sorge zu tragen, dass die Domain bei der DENIC gelöscht und in Suchmaschinen ausgetragen wird (LG Berlin, MMR 2000, 45). Hinsichtlich der Löschung bei den Suchmaschinen hat das OLG Köln die technischen Schwierigkeiten erkannt und entschieden, dass es dem ehemaligen Domaininhaber nicht zuzurechnen sei, wenn später noch Suchmaschinen auf die verbotene Domain verweisen (vgl. MMR 2001, 695)

Bei einer Löschung im Register besteht jedoch die Gefahr, dass sich Dritte die nunmehr freigewordene Domain sichern oder über Dispute-Einträge (die DENIC versieht eine Domain mit einem Dispute-Eintrag, wenn ein Dritter glaubhaft macht, dass er ein Recht auf die Domain hat und dieses gegenüber dem Domaininhaber geltend macht, § 2 III, 1 der Registrierungsbedingungen der DENIC) zum Zuge kommen und der Rechtsinhaber dagegen erneut gerichtliche Schritte einleiten muss.

Keine Lösung kann es nach Ansicht der Rechtsprechung sein, wenn der Rechtsinhaber die Übertragung der Domain auf sich selbst verlangen würde (vgl. OLG Hamm in der „krupp.de"-Entscheidung, Urteil vom 13.1.1998, Az.:4 U 135/97). Denn in diesem Fall wäre der Schädiger verpflichtet, gegenüber dem Mitglied der DENIC, von der er die Domain zugewiesen bekommen hat, die Zustimmung zur Namensübertragung zu erklären. Der kennzeichenrechtliche Störer wäre also nicht nur zu einer bloßen Beseitigung der Störung, sondern darüber hinaus zu einer Verbesserung der Rechtsstellung des Kennzeicheninhabers verpflichtet, obwohl sich der Unterlassungsanspruch regelmäßig im „Nichts-Tun" erschöpft.

Unklar ist auch die markenrechtliche Verantwortlichkeit der DENIC und ihrer Mitglieder. Die DENIC hat als neutrale Vergabestelle grundsätzlich nur die Pflicht, die Anmeldung von Domainnamen auf grobe und unschwer zu erkennende markenrechts- oder wettbewerbswidrige Verwendung zu überprüfen.

Das OLG Frankfurt hat daher eine Mitverantwortlichkeit der DENIC abgelehnt. Etwas anderes gelte nur dann, wenn die DENIC vorsätzlich den ebenfalls vorsätzlichen Rechtsverstoß des Dritten fördern will bzw. diesen billigend in Kauf nimmt. Ferner komme eine Verantwortung - auch in zivilrechtlicher Hinsicht - in Betracht, wenn die Vergabestelle trotz Hinweis auf die Rechtswidrigkeit den Eintrag nicht sperre, obwohl er erkennbar in grober Weise das Kennzeichen- oder Wettbewerbsrecht verletze.

Der Bundesgerichtshof hat in der Entscheidung „Kurt-Biedenkopf.de" (Urteil vom 19.02.2004, K&R 2004, 330) darauf abgestellt, dass die DENIC lediglich die Domain verwalte und dies keine namensrechtliche Benutzung im Sinne des § 12 Satz 1 BGB darstelle. Die DENIC sei daher auch nicht zur Prüfung der Berechtigung eines Domainanmelders im Hinblick auf Namensrechte verpflichtet. Dies gelte auch für Namen berühmter Persönlichkeiten, da nicht ausgeschlossen werden könne, dass der Domainanmelder im Auftrag des Namensinhabers handelt.

Ein professioneller Domainregistrar dagegen haftet nach Kenntniserlangung von Markenrechtsverstößen auf Websites seiner Kunden als Mitstörer. Dies gilt zumindest dann, wenn der Inhaber bereits nach dem Registrierungsvertrag gegenüber seinem Kunden berechtigt war, die von ihm verwalteten Domains nach fruchtloser Abmahnung zu löschen (vgl. OLG Karlsruhe, MMR 2004, 256 f.).

In einer weiteren Grundsatzentscheidung hat der BGH („ambiente", Urteil vom 17. Mai 2001, NJW 2001, 3265) die bisherige Prüfungspraxis der DENIC in Kollisionsfällen bestätigt. Nur bei „offenkundigen" Rechtsverstößen etwa gegen Marken- oder Namensrechte sei diese zur Aufhebung einer zuvor erfolgten Registrierung verpflichtet. Dies setzt aber nach Auffassung des Gerichts ein unanfechtbares gerichtliches Urteil oder eine vergleichbare Rechtsposition voraus.

2 Urheber- und Wettbewerbsrecht im Internet

2.1 Einleitung

Es steht fest, dass die Möglichkeit, Daten nahezu beliebig auf eine zur Übertragung notwendige Bitrate zu reduzieren, Wissen zu einem beinahe überall erhältlichen Rohstoff macht, auf den jederzeit zurückgegriffen werden kann. Auch die möglichen Folgen bzw. Risiken sind bekannt. Es stellt sich daher die Frage nach der Schutzfähigkeit von schöpferischen Leistungen im Internet und nach der Möglichkeit, unlauteres Verhalten im Cybermarkt zu unterbinden.

Während der erste Teil des Leitfadens die Frage nach der Schutzfähigkeit beantwortet, wird im zweiten Teil der wettbewerbsrechtliche Leistungsschutz im Netz dargestellt.

2.2 Urheberrecht im Internet

Nicht nur gewerbliche, sondern auch private Internetpräsenzen erfreuen sich inzwischen großer Beliebtheit. Im Internet werden Daten, Informationen und Bilder weltweit verbreitet, abgerufen, verändert und miteinander verknüpft. Der einfache Zugriff auf diese Daten, Informationen und Bilder erhöht das Risiko, dass geistige Schöpfungen anderer Personen ohne deren Einwilligung kopiert, umgestaltet, wiedergegeben oder weitervermittelt werden. Verstöße gegen das Urheberrecht haben nicht nur zivilrechtliche (Schadensersatz), sondern auch strafrechtliche Konsequenzen zur Folge. Dadurch gewinnt die Frage, in welchem Umfang Werke urheberrechtlich im Internet geschützt sind, immer mehr an Bedeutung.

2.2.1 Kollisionsrechtliche Fragen

Die Informationswirtschaft ist ein international ausgerichteter Wirtschaftszweig. Gerade Phänomene wie Satellitenübertragung oder Internet zeigen, dass nationale Grenzen keine besondere Bedeutung mehr haben. Es stellt sich daher die Frage, ob und wann das deutsche Urheberrecht bei Informationsprodukten anzuwenden ist.

Gemäß § 27 EGBGB (Einführungsgesetz zum Bürgerlichen Gesetzbuch) unterliegt ein Vertrag vorrangig dem von den Parteien durch eine Rechtswahlklausel bestimmten Recht. Neben einer ausdrücklichen Vereinbarung kommt auch die Annahme einer konkludenten Rechtswahl in Betracht; insbesondere die Vereinbarung eines Gerichtsstandes soll ein (widerlegbares) Indiz für die Wahl des am Gerichtsort geltenden materiellen Rechts sein. Art. 28 EGBGB bestimmt hingegen, welches Recht bei fehlender Rechtswahl Anwendung findet. In diesem Fall unterliegt der Vertrag dem Recht des Staates, mit dem er die engsten Verbindungen aufweist. Dies ergibt sich in der Regel aus dem gewöhnlichen Aufenthalt der Partei, welche die dem Vertrag charakteristische Leistung erbringt.

Das deutsche Urheberrecht enthält jedoch zwingende Regelungen zum Schutz des Urhebers, die nicht durch eine Rechtswahlklausel umgangen werden können. Hierzu zählen insbesondere die Regelungen über Urheberpersönlichkeitsrechte, der Zweckübertragungsgrundsatz, die Unwirksamkeit der Einräumung von Nutzungsrechten nach § 31 Abs. 4 Urhebergesetz (UrhG), die Beteiligung des Urhebers nach § 36 UrhG sowie das Rückrufsrecht wegen gewandelter Überzeugung nach § 42 UrhG.

2.2.2 Das deutsche urheberrechtliche Schutzsystem

Allgemeines

Das Urheberrecht schützt die geistigen und materiellen Interessen der Urheber an den von ihnen geschaffenen Werken der Literatur, der Kunst und der Wissenschaft (§ 1 UrhG).

Dabei versucht es einerseits die Interessen der Berechtigten zu wahren, andererseits in bestimmten Grenzen die schöpferischen Werke dem Allgemeingebrauch zugänglich zu machen.

Das Urheberrecht ist in Deutschland vor allem durch das Gesetz über das Urheberrecht und verwandte Schutzrechte vom 9. September 1965 (Urheberrechtsgesetz / UrhG) geregelt. Ein Werk, das schon aufgrund seines Alters nicht auf das Internet bezogen werden kann.

Daher mussten neuere Bestimmungen, insbesondere des internationalen Urheberrechts, ergänzend hinzugenommen werden (völkerrechtliche Verträge: „World Copyright Treaty" und „World Performers und Producers Right Treaty"). Hinzu kamen Bemühungen der Europäischen Kommission, das Urheberrecht in Europa zu vereinheitlichen. Die Vorgaben dieser beiden völkerrechtlichen Verträge wurden daher EU-einheitlich durch die Informationsgesellschafts-Richtlinie (Info-RL[1]) umgesetzt. Die Richtlinie zielt auf eine Harmonisierung der urheberrechtlichen Standards und der verwandten Schutzrechte im Rahmen des Binnenmarktes, insbesondere in Bezug auf die Informationsgesellschaft, ab.

Die Richtlinie ist am 22. Juni 2001 in Kraft getreten[2]. Die bislang umfassendste Normierung in diesem Rechtsgebiet regelt erstmals Kernbereiche des Urheberrechts, indem sie in Art. 2 bis 4 Info-RL die Verwertungsrechte harmonisiert. Art. 5 Info-RL enthält einen abschließenden Katalog der Schrankenregelungen, von denen die in Absatz 1 genannte Schranke für flüchtige Vervielfältigungshandlungen zwingend in nationales Recht umzusetzen ist. Gemäß Art. 13 Abs. 1 Info-RL hätte die Umsetzung bis zum 22. Dezember 2002 erfolgen müssen.

(A) Der „Erste Korb"

Erst im Juli 2003 wurde in Deutschland die Novelle des „Gesetzes zur Regelung des Urheberrechts in der Informationsgesellschaft" (UrhG), wird auch als der „Erste Korb" bezeichnet, verabschiedet. Das Gesetz ist am 13. September 2003 in Kraft getreten[3]. In dem Gesetz werden der Urheberrechtsschutz auf Verwertungen im Internet ausgedehnt und gleichzeitig bestimmte Urheberrechte gestärkt.

Vor allem der Bereich der Privatkopie wurde durch die Novelle umfassend neu geregelt. Nach § 53 UrhG n. F. (neue Fassung) sind einzelne Vervielfältigungen eines Werkes zum privaten Gebrauch auch weiterhin zulässig. Ausdrücklich geregelt wurde jedoch, dass es untersagt ist, zur Vervielfältigung eine offensichtlich rechtswidrig hergestellte Vorlage zu verwenden.

Ein weiterer wesentlicher Punkt der Neuregelung betrifft das Verbot der Umgehung von Kopierschutzmechanismen, die auf CDs oder DVDs ange-

1 Richtlinie 2001/29/EG vom 22. Mai 2001 zur Harmonisierung bestimmter Aspekte des Urheberrechts und der verwandten Schutzrechte in der Informationsgesellschaft

2 ABl. Nr. L 167, S. 10 ff

3 BGBl. Nr. 46, S. 1774

bracht sind, § 95a Abs. 1 UrhG n. F.. Ausnahmen von dem Verbot der Umgehung sind in § 95b Abs. 1 UrhG n. F. geregelt (u. a. Vervielfältigungen zum privaten Gebrauch auf Papier, öffentliche Zugänglichmachung für Unterricht und Forschung). Für Software gilt gem. § 69a Abs.5 UrhG n. F. das Umgehungsverbot hingegen nicht, so dass es weiterhin rechtmäßig ist, eine Sicherungskopie durch den berechtigten Besitzer zu erstellen. Erwähnenswert ist auch § 95a Abs. 3 UrhG n. F., nach dem es verboten ist, Vorrichtungen, Erzeugnisse sowie Dienstleistungen anzubieten, die eine Umgehung von wirksamen technischen Schutzmaßnahmen zum Ziel haben.

Mit dem „Ersten Korb" hat Deutschland die fristgebundenen Vorgaben des EU-Rechts umgesetzt (z.B. grundsätzliches Verbot des Umgehens eines Kopierschutzmechanismusses). Wegen der vorgegebenen Umsetzungsfrist stand diese Novelle unter Zeitdruck.

B Der „Zweite Korb"

Alles, was die Richtlinie nicht zwingend vorschreibt, sondern den Mitgliedsstaaten zur Regelung überlässt (z. B. die Privatkopie), bleibt daher nun dem „Zweiten Korb" vorbehalten. Die nächste Runde der urheberrechtlichen Reformen wurde unlängst eingeläutet. Zur Diskussion steht derzeit der Referentenentwurf des Bundesministeriums der Justiz (BMJ) vom 27. September 2004[4].

Auch im „Zweiten Korb" werden nicht minder brisante Bereiche des Urheberrechts erörtert. Die wesentlichen Neuregelungen des Gesetzentwurfs sind:

Erhalt der Privatkopie

Weiterhin gilt: Die Privatkopie bleibt erlaubt - auch digital. Allerdings wird das Gesetz in einem Punkt klarer gefasst. Eine Privatkopie einer Vorlage darf nicht mehr hergestellt werden, wenn es für den Nutzer einer Tauschbörse offensichtlich ist, dass es sich um ein rechtswidriges Angebot im Internet handelt.

4 www.bmj.bund.de/media/archive/760.pdf

Kopierschutz setzt der Privatkopie Grenzen

Seit dem „Ersten Korb" gilt: „Kopierschutz-Knacken ist verboten!" Der Gesetzentwurf für den „Zweiten Korb" setzt diese Linie konsequent fort. Es wird keine Durchsetzung der Privatkopie gegen Kopierschutz geben, d. h. es gibt kein „Recht auf Privatkopie" zu Lasten des Rechtsinhabers.

Pauschalvergütung als gerechter Ausgleich für die Privatkopie

Geräte und Speichermedien, die tatsächlich und in nennenswertem Umfang für zulässige Privatkopien benutzt werden, bleiben vergütungspflichtig. Es wird demnach ein Nebeneinander von pauschaler Vergütung und individueller Abrechnung (vor allem im Internet) mit so genannten Digital-Rights-Management-Systemen geben.

Höhe der Pauschalvergütung

Nach dem geltenden Recht sind Geräte dann vergütungspflichtig, wenn sie zur Vervielfältigung bestimmt sind. Künftig soll es darauf ankommen, ob die Geräte und Leerträger des jeweiligen Typs tatsächlich in nennenswertem Umfang zur Vervielfältigung genutzt werden. Gesetzlich festgeschrieben werden verbindliche Maßgaben dafür, wie die Höhe der Vergütung zu bemessen ist. Damit sich die Vergütung je Gerät für Hersteller und Verbraucher in zumutbaren Grenzen hält, schreibt der Entwurf vor, dass ein wirtschaftlich angemessenes Verhältnis der Vergütung zum Preis des Gerätes bestehen muss. Bestimmt wird die Vergütungshöhe in Zukunft nicht mehr durch den Gesetzgeber, sondern durch die beteiligten Parteien (Verbände der Hersteller als Zahlungspflichtige und Rechtsinhaber – Verwertungsgesellschaften – als Zahlungsempfänger) selbst.

Unbekannte Nutzungsarten und Öffnung der Archive

Außerdem soll das Verbot der Rechtsübertragung für noch nicht bekannte Nutzungsarten gem. § 31 Abs. 4 UrhG gelockert werden. Der Urheber soll eine besondere, angemessene Vergütung erhalten, wenn sein Werk in einer Nutzungsart genutzt wird, die zum Zeitpunkt des Vertragsschlusses als noch nicht bekannt galt. Der Entwurf sieht weiterhin neue Sonderrechte für die Filmwirtschaft und Neuregelungen für Bibliotheken vor. Mit einem Inkrafttreten des „Zweiten Korbs" ist nicht vor Mitte 2005 zu rechnen.

Schutzbereich des Urheberrechts

Der Schutzbereich des Urheberrechts ergibt sich aus den §§ 1 und 2 UrhG. Auf den Inhalt der Produkte kommt es danach nicht an: Zweckneutral schützt das Gesetz in § 1 Werke der Literatur, Wissenschaft und Kunst, der Katalog in § 1 ist insoweit abgeschlossen. Urheberrechtsschutzfähig sind gemäß § 2 Abs. 2 UrhG Werke, die persönliche geistige Schöpfungen darstellen. Der Gesetzgeber hat beispielhaft, aber in diesem Fall nicht abschließend, in § 2 Abs. 1 UrhG Werkarten aufgelistet, die eine persönliche geistige Schöpfung darstellen. Dazu zählen u. a. Sprachwerke, wie Schriftwerke, Reden und Computerprogramme, Werke der Musik, Werke der bildenden Künste, Lichtbildwerke, Filmwerke und Darstellungen wissenschaftlicher und technischer Art, wie Zeichnungen, Pläne, Karten, Skizzen, Tabellen und plastische Darstellungen. Eine persönliche geistige Schöpfung hat in der Regel gewisse individuell-gestalterische Züge und drückt in irgendeiner Form eine eigentümliche Gedankenentwicklung des Schöpfers aus. Daneben sind über § 4 i.V.m. § 2 UrhG auch Sammelwerke und Datenbanken wie selbstständige Werke geschützt.

Eine Registrierung findet dagegen - wie etwa im Patent-, Marken-, Gebrauchsmusterrecht - nicht statt. Der Urheberrechtsschutz entsteht vielmehr formfrei mit Schaffung des Werkes. Auch das Copyrightzeichen (©) ist keine Schutzvoraussetzung (hat in Deutschland lediglich klarstellenden Charakter), sondern kann vom Urheber freiwillig angebracht werden. Allerdings ergibt sich zugunsten des Verwenders der Vorteil, dass dieser bis zum Beweis des Gegenteils als Urheber angesehen wird, § 10 UrhG.

Zu beachten ist, dass das Urheberrechtsgesetz nur die Form eines Werkes schützt, d. h. die Art und Weise seiner Zusammenstellung, Strukturierung und Präsentation. Die dem Werk zugrundeliegende Idee wird nicht geschützt. Je konkreter die Idee jedoch gestaltet ist, desto eher ist ein Urheberrechtsschutz anzunehmen. Die Abgrenzung zwischen Idee und Form ist daher im Einzelfall schwierig.

Zu den ungeschützten „freien" Ideen gehören z. B. Werbemethoden, wissenschaftliche Lehren sowie als Allgemeingut anzusehende Informationen. Gleiches gilt für Ideen sowie mathematische Prinzipien und Grundsätze, die einem Computerprogramm bzw. den Schnittstellen zu Grunde liegen, § 69a Abs. 2 S. 2 UrhG. Das bedeutet, dass die Verfahren zur Lösung eines Problems und die mathematischen Prinzipien in einem Computerprogramm grundsätzlich nicht vom urheberrechtlichen Schutz umfasst werden. Anders als bei wissenschaftlich-technischen Inhalten besteht nach Auffassung der Rechtsprechung bei literarisch-künstlerischen Werken eher ein Schutz des Inhalts und der eigenpersönlich geprägten Bestandteile, die auf der schöpferischen Phantasie des Urhebers beruhen.

Für Unternehmen, insbesondere der Werbe- und Fernsehbranche, deren Kreativität allein auf Ideen beruht, stellt die freie Nutzbarkeit von Ideen ein unlösbares Problem dar. Ihre Ideen sind vor der Übernahme durch Dritte praktisch nicht geschützt. Denn auch das Patentgesetz und das Gebrauchsmustergesetz bieten nur unter sehr hohen Voraussetzungen einen Schutz für technische Erfindungen.

Schutzobjekte im Internet

Alle im Internet verbreiteten Daten, Informationen, Bilder etc. sind daher grundsätzlich dem Urheberrechtsschutz zugänglich, soweit sie als eine individuelle, persönliche, geistige Schöpfung qualifiziert bzw. einem der o.g. Katalogwerke des § 2 Abs. 1 UrhG zugeordnet werden können.

Die Website als Schutzobjekt

Eine einzelne Website, deren Layout auf die üblichen Mittel, wie etwa Frames, Tabellen und einfache Logos, beschränkt ist, wird nur begrenzt urheberrechtsfähig sein, da die eigene persönliche geistige Schöpfung in der Regel fehlen wird. Urheberschutz kann aber dann bejaht werden, wenn die Website ein „Multimediaprodukt" darstellt. Sobald eine Website einen komplexeren Aufbau aufweist (z. B. Verknüpfung von Musik, Kunst, Graphiken zu einem Gesamtprodukt), weist sie eine ihr eigene Eigentümlichkeit auf, die über ein bloßes Zusammenfügen einzelner Elemente hinausgeht.

Einzelne Elemente einer Website als Schutzobjekt

Daneben können auch die einzelnen Elemente der Website nach § 2 Abs. 2 UrhG und den in § 2 Abs. 1 UrhG aufgelisteten Werkarten geschützt sein, sofern sie eine persönliche geistige Schöpfung darstellen.

Texte, Bücher, Zeitungsartikel und andere Schriftwerke stehen gemäß § 2 Abs. 1 Nr. 1 UrhG grundsätzlich unter urheberrechtlichem Schutz. Sie sind nach § 2 Abs. 2 UrhG in der Regel Ausdruck einer persönlich-geistigen Schöpfung.

Urheberrechte haben grundsätzlich einen zeitlichen Schutzumfang von 70 Jahren, beginnend mit dem Tode des Urhebers, § 64 UrhG. Für Lichtbilder (z. B. Bildschirmhintergründe) erlischt das Urheberrecht 50 Jahre nach dem Erscheinen des Lichtbildes (§ 72 Abs. 3 UrhG). Für individuell eigentümliche Lichtbildwerke (stehende Bilder innerhalb der Website) beträgt dagegen die Schutzfrist 70 Jahre (siehe oben). Die Abgrenzung kann im Einzelfall schwierig sein. So ist ungeklärt, ob direkt am Computer erzeugte Bilder in den Schutzbereich von § 72 UrhG fallen. Im Gesetz wird der Begriff nicht definiert, woraus gefolgert wird, dass auch in ähnlicher Weise geschaffene Bilder hierunter zu subsumieren sind.

Für Tabellen und Graphiken gilt der Schutzbereich des § 2 Abs. 1 Nr. 7 UrhG. Ein besonders hoher Grad an schöpferischer Eigentümlichkeit ist nicht erforderlich. Gleiches gilt für Zeichnungen, Skizzen und Karikaturen (vgl. § 2 Abs. 1 Nr. 4 UrhG bzw. § 2 Abs. 1 Nr. 7 UrhG).

Bei Werken der Musik wird nur die musikalische Gestalt geschützt, nicht hingegen die abstrakte Idee wie Melodie, Rhythmus, Bassläufe oder Keyboardeinstellungen. Hier stößt die Trennung von Inhalt und Form an ihre Grenzen, da bei Onlineauftritten oft nur kleinste Partikel der Werke verwendet werden. Zu Recht fordert daher die Literatur hier ein Umdenken, damit auch der Sound als urheberrechtsfähig anerkannt wird. Für Werke der Film- und Fernsehbranche gilt die Vermutungsregelung der §§ 88, 89 UrhG.

Hyperlinks in der Form eines Inhaltsverzeichnisses strukturiert (z. B. Übersichten über bestimmte Sachgebiete oder Ergebnisse von Suchmaschinen) können urheberrechtlichen Schutz genießen, wenn in der Auslese und Anordnung eine persönliche geistige Schöpfung liegt. Davon ist auszugehen, wenn die Zusammenstellungen nach unterschiedlichen Konzeptionen vorgenommen werden können und daher ausreichenden individuellen Spielraum erkennen lassen. Eine rein alphabetische Anordnung genügt daher nicht.

Eine E-Mail kann als Schriftwerk gem. § 2 Abs. 1 Nr. 1 UrhG schutzfähig sein, obwohl jedoch regelmäßig die schöpferische Qualität fehlen wird.

Die Sammlung von Beiträgen zu bestimmten Themen in Mailinglisten oder so genannten Newsgroups sind nur dann urheberrechtlich schutzfähig, wenn in der Anordnung der Beiträge eine besondere individuelle Eigenart erblickt werden kann. Auch dies dürfte wohl eher selten der Fall sein.

Abwehrrechte des Urhebers

Ist ein Werk grundsätzlich schutzfähig, stellt sich weiter die Frage, wie das Recht ausgestaltet werden und welche Rechte der Urheber geltend machen kann. Gemäß § 11 UrhG schützt das Urheberrecht den Urheber in seinen geistigen und persönlichen Beziehungen zum Werk und in der Nutzung des Werkes. Er hat ferner das Recht zu bestimmen, ob und wie sein Werk zu veröffentlichen ist (§ 12 Abs. 1 UrhG). Die ihm eingeräumten Urheberpersönlichkeitsrechte (§§ 12 bis 14 UrhG), Verwertungsrechte (§§ 15 bis 24 UrhG) und sonstigen Rechte (§§ 25 bis 27 UrhG) finden ihre Schranken zum Schutz der Presse-, Rundfunk- und Informationsfreiheit in den §§ 44a bis 63a UrhG.

(A) Vervielfältigungsrecht

Zu den Verwertungsrechten gehört auch das Recht, körperliche Vervielfältigungsstücke des Werkes herzustellen und zwar unabhängig vom Gebrauchszweck, Verfahren und von der Anzahl (§ 16 Abs. 1 UrhG). Eine Vervielfältigung im Sinne des Gesetzes liegt vor, wenn Vervielfältigungsstücke des Werkes hergestellt werden, wobei eine weitere körperliche Festlegung des Werkes erfolgen muss, die geeignet ist, das Werk den menschlichen Sinnen auf irgendeine Weise unmittelbar oder mittelbar wahrnehmbar zu machen. Da das Vervielfältigungsrecht ein ausschließliches Recht des Urhebers ist, kann dieser seine Zustimmung verweigern, sofern sich aus den Regelungen der §§ 44a ff. UrhG nichts anderes ergibt (s. S. 31).

Als Vervielfältigung sind u. a. zu bewerten:

- die Speicherung eines Werkes auf einen Datenträger (Diskette, CD, Festplatte etc.),
- Digitalisierung eines Werkes (Einscannen eines Textes, Fotografieren eines Bildes mit Digitalkamera, Digitalaufnahme von Musik etc.),
- Upload von Daten auf den Server des Webhost,
- Download von Daten auf die Festplatte des eigenen PCs.

Auch die Zwischenspeicherung von Dateien im Arbeitsspeicher des PCs (vorübergehende Vervielfältigung) ist nach der neuen Gesetzgebung als Vervielfältigung zu sehen. Nach § 44a UrhG n. F. sind jedoch solche Vervielfältigungen nicht zustimmungspflichtig, die dem technischen Prozess immanent sind, für keinen anderen Zweck getätigt werden, als den rechtmäßigen Gebrauch zu ermöglichen, und keine eigene wirtschaftliche Bedeutung haben.

Für Computerprogramme ist bereits seit 1993 (Umsetzung des Art. 4 Computerprogramm-RL[5]) in § 69c Nr. 1 UrhG gesetzlich festgelegt, dass auch deren kurzfristige Übernahme in den Arbeitsspeicher eine rechtlich relevante Vervielfältigung ist.

B Verbreitungs- und Senderecht

Ebenfalls unter die Verwertungsrechte fällt die Verbreitung körperlicher Werkstücke (Original- oder Vervielfältigungsstücke) gemäß § 17 UrhG. Das Verbreitungsrecht erstreckt sich aber weder direkt noch analog auf Online-Werke. Zwar sind diese auf dem Server des Anbieters zum Download präsent, sie stellen jedoch nach allgemeiner Ansicht kein körperliches Vervielfältigungsstück, sondern eine reine Datenübertragung dar.

Ebenfalls nicht auf Online-Systeme übertragbar ist das Recht des Urhebers, die öffentliche Wiedergabe seiner Werke in unkörperlicher Form durch Funk, wie Ton- und Fernsehrundfunk, Satellitenrundfunk, Kabelfunk oder ähnliche technische Mittel der Öffentlichkeit zugänglich zu machen (Senderecht § 20 UrhG). Das Anbieten einer Website im Internet oder das Angebot eines Online-Dienstes sind, trotz der Möglichkeit, die Daten und Informationen individuell anzurufen, zwar als öffentliche Wiedergabe

5 Richtlinie 91/250/EWG des Rates vom 14.05.1991 über den Rechtsschutz von Computerprogrammen, ABl. Nr. L 122, S. 42

(Wiedergabe eines Werkes muss für eine Mehrzahl von Personen bestimmt sein) einzustufen, allerdings lassen sich diese Internetangebote nicht unter den klassischen Sendebegriff des § 20 UrhG subsumieren. Eine Sendung liegt nur dann vor, wenn Inhalte von einer Sendestelle zu beliebig vielen Empfangsstellen in der Weise übertragen werden, dass eine einzige Ausstrahlung und deren gleichzeitige Wahrnehmung gegeben ist.

Bearbeitung

Gemäß § 23 UrhG darf ein Werk auch ohne Zustimmung des Urhebers bearbeitet oder in sonstiger Form umgestaltet werden. Die Zustimmung des Urhebers ist - mit Ausnahme von Software, bei der bereits die Veränderung als solche verboten ist (§ 69c Nr. 2 UrhG) - erst im Falle der Veröffentlichung oder Verwertung erforderlich.

Keine zustimmungspflichtige Bearbeitung liegt vor, wenn das fremde Werk nur als Anregung für das eigene Werkschaffen dient (freie Benutzung). Ein selbstständiges Werk, das in freier Benutzung des Werkes eines anderen geschaffen worden ist, darf gemäß § 24 Abs. 1 UrhG ohne Zustimmung des Urhebers veröffentlicht und verwertet werden (Ausnahme erkennbare Übernahme von Melodien, § 24 Abs. 2 UrhG). Zur Abgrenzung zwischen „Bearbeitung" und „freier Benutzung" verwendet die Rechtsprechung seit den Asterix-Entscheidungen des BGH (Urteil vom 11.03.1993 - I ZR 263/91 und 264/91, GRUR 1994, 191 und 206) zwei verschiedene „Verblassens-Formeln". Danach kann eine freie Benutzung darin zu sehen sein, dass die aus dem geschützten Werk entlehnten eigenpersönlichen Züge in dem neuen Werk so zurücktreten, dass das ältere in dem neuen Werk nur noch schwach und in urheberrechtlich nicht mehr relevanter Weise durchschimmert. Gleiches gilt, wenn deutliche

Übernahmen durch eine besondere künstlerische Gedankenführung legitimiert sind. In diesem Fall ist ein so großer innerer Abstand erforderlich, dass das neue Werk seinem Wesen nach als eigenständig anzusehen ist.

Öffentliche Wiedergabe

Der Abruf von urheberrechtlich geschützten Werken via Internet könnte auch das ausschließliche Recht der öffentlichen Wiedergabe (§ 15 Abs. 2 UrhG) in unkörperlicher Form tangieren. Früher war streitig, ob Abrufdienste überhaupt unter das Recht der öffentlichen Wiedergabe fallen können, denn eine öffentliche Wiedergabe setze voraus, dass ein und dasselbe Werk gleichzeitig gegenüber einer Mehrzahl von Personen wiedergegeben werde. Diese Frage hat sich aber mit In-Kraft-Treten des neuen Urhebergesetzes erledigt, da der Katalog der Verwertungsrechte um das Recht der öffentlichen Zugänglichmachung in § 19 a UrhG n. F. erweitert wurde. Hierbei handelt es sich um das dem Urheber zugewiesene Verwertungsrecht für Verwertungen im Online-Bereich, also z. B. dem Internet oder On-demand-Diensten (jede Form des elektronischen Anbietens zum Abruf).

Schutz von Datenbanken

Datenbanken sind nach ständiger Rechtsprechung des BGH zu § 4 UrhG dann urheberrechtlich geschützt, wenn die Informationssammlung durch Auslese oder Anordnung das Ergebnis einer persönlich-geistigen Schöpfung darstellt. Zu beachten ist, dass nicht die einzelnen Daten als solche geschützt sind, sondern die Zusammenstellung der Daten in der Datenbank. Die meisten professionellen Datenbanken wurden jedoch von dem Schutzbereich ursprünglich nicht umfasst, weil sie lediglich das Ergebnis routinierter, wenn auch zum Teil äußerst aufwendiger Zusammenstellungen waren.

Die EG-Kommission hat daher bereits 1988 in ihrem „Grünbuch über Urheberrecht und die technologische Herausforderung" (COM/88/172) eine Harmonisierung des Rechtsschutzes für Datenbanken innerhalb der Gemeinschaft gefordert. Der Forderung wurde mit Verabschiedung der EG-Richtlinie über den rechtlichen Schutz von Datenbanken[6] entsprochen. Ziel der Richtlinie ist es, neben dem Schutz der Interessen des Urhebers die Entwicklung des Informationsmarktes in der Gemeinschaft durch einheitliche Regeln zu fördern.

6 Richtlinie 96/9/EG des Europäischen Parlaments und des Rates vom 11. März 1996, ABl. EG Nr. L 77 S. 20)

Die Richtlinie geht in Art. 1 Abs. 2 von einem umfassenden Datenbankbegriff aus. Er umfasst alle „Sammlungen von Werken, Daten oder anderen unabhängigen Elementen, die systematisch oder methodisch angeordnet und einzeln mit elektronischen Mitteln oder auf andere Weise zugänglich sind" (Kapitel II). In den Schutzbereich fallen damit neben Online-Datenbanken auch „offline" gespeicherte Sammlungen sowie die für die Nutzung der Datenbank erforderlichen Verzeichnisse wie Thesaurus oder Indexierungssysteme. Nicht in den Schutzbereich dieser Richtlinie fallen jedoch die für die Herstellung oder den Betrieb elektronisch zugänglichen Datenbanken verwendeter Computerprogramme (Art. 1 Abs. 3). Herzstück der Richtlinie ist das in Kapitel III geregelte Schutzrecht „sui generis" für die Datenbank als solche und ihre wesentlichen Bestandteile (Art. 7). Es steht dem Hersteller zu, womit derjenige gemeint ist, der die Initiative zur Erstellung einer Datenbank ergreift und der das Investitionsrisiko trägt.

Der deutsche Gesetzgeber hat die Transformation der Richtlinie im Rahmen des Informations- und Kommunikationsdienste-Gesetzes (IuKDG)[7] vollzogen. Die Umsetzung erfolgte im UrhG insbesondere durch Änderung der §§ 4 und 53 UrhG sowie durch Einfügung der §§ 55a, 87a ff. UrhG.

Das Recht des Datenbankherstellers besteht darin, die „Entnahme" und / oder „Weiterverwendung" der Gesamtheit oder eines in qualitativer oder quantitativer Hinsicht wesentlichen Teils des Inhalts dieser Datenbank zu untersagen. „Entnahme" bedeutet die ständige oder vorübergehende Übertragung der Gesamtheit oder eines wesentlichen Teils des Inhalts einer Datenbank auf einen anderen Datenträger, ungeachtet der dafür verwendeten Mittel und der Form der Entnahme. „Weiterverwendung" wird definiert als jede Form öffentlicher Verfügbarmachung der Gesamtheit oder eines wesentlichen Teils des Inhalts der Datenbank durch die Verbreitung von Vervielfältigungsstücken, durch Vermietung, durch Online-Übermittlung oder durch andere Formen der Übermittlung.

Maßgeblich für den Schutz einer Datenbank ist, dass die Beschaffung, Überprüfung oder Darstellung der einzelnen Elemente eine „wesentliche Investition" (§ 87a Abs. 1 UrhG) erfordert. Geschützt wird hier über ein so

7 Art. 7 IuKDG vom 22. Juli 1997, BGBl. I S.1870

genanntes Leistungsschutzrecht also nicht die geistige Schöpfung des Urhebers, sondern der wirtschaftliche Investitionsaufwand des Investors. Die Investition kann in der Auswahl der Daten liegen, nämlich in der qualitativen und quantitativen Auswahl der Elemente. Sie kann auch in der Verknüpfung der Daten bestehen. Ausreichend ist auch, dass die Daten mit Zeit, Mühe und Geld gesammelt wurden und es nicht unerhebliche Mühe macht, diese Datenbank ständig auf dem neuesten Stand zu halten. Als solche Datenbanken wurden von der Rechtsprechung im Einzelfall auch umfangreiche Linksammlungen im WWW beurteilt, denen entsprechende Investitionen zu Grunde lagen.

Die Schutzdauer beträgt gemäß § 87d UrhG 15 Jahre nach der Veröffentlichung der Datenbank, jedoch bereits 15 Jahre nach der Herstellung, wenn die Datenbank innerhalb dieser Frist nicht veröffentlicht worden ist.

2.2.3 Lizenzverträge

Wer nicht Urheber ist, aber das erstellte Werk verwerten möchte, muss Nutzungsrechte als so genannte Tochterrechte bei dem Urheber beantragen, denn das Urheberrecht kann nach deutschem Rechtsverständnis als solches nicht übertragen werden. Die Einräumung der Nutzung geschieht in der Regel durch den Abschluss eines Lizenzvertrages. Man unterscheidet zwischen einfachen Lizenzverträgen, die einer Vielzahl von Personen - auch dem Urheber selbst - die Nutzung erlauben, und ausschließlichen Lizenzverträgen, bei denen alleine der Lizenznehmer die Verwertungsrechte besitzt und ihm auch ein Abwehrrecht einräumen. Allerdings ist gemäß der derzeit geltenden Version des § 31 Abs. 4 UrhG (der „Zweite Korb" sieht eine Lockerung des § 31 Abs. 4 UrhG vor, siehe oben) die Einräumung von Nutzungsrechten für noch nicht bekannte Nutzungsarten und Verpflichtungen unwirksam. Der Urheber soll davor bewahrt werden, über Rechte zu verfügen, die er gar nicht kennt. Maßgebend für die zeitliche Einschätzung ist der objektiv normative Horizont des Urhebers. Es stellt sich daher die Frage, ab wann die Vertragsparteien von einer digitalen Nutzung ausgehen mussten und wenn ja, von welcher.

Rechtsprechung und Literatur gehen von der Aufnahme des Online-Betriebs Mitte der 80er Jahre aus. Als frühes Indiz wird die Aufnahme der

EDV-Verwertung von Zeitungsartikeln in den Katalogen genannt. Bei Verträgen, die deutlich vor diesem Zeitpunkt geschlossen wurden, ist daher davon auszugehen, dass die Rechte, trotz entgegenstehender Regelung, beim ursprünglichen Inhaber verblieben sind.

Im Ergebnis sind daher detaillierte einzelvertragliche Regelungen zu empfehlen. Bereits bestehende Verträge könnten z. B. um einen jeweils aktualisierten Nebenrechtskatalog ergänzt werden, der die neu entstandenen Verwertungsformen und Vertriebswege rund um den Online-Geschäftsverkehr umfasst.

Das Urhebergesetz bietet die Möglichkeit, das Nutzungsrecht sowohl zeitlich als auch räumlich zu beschränken. Zur differenzierten Ausgestaltung des Lizenzvertrages sollten diese Optionen als Vertragsbestandteile berücksichtigt werden.

Eine zeitliche Befristung bedeutet, dass bei Ablauf der Frist das Nutzungsrecht entfällt. Um die Berechtigung der Nutzung weiterhin zu haben, empfiehlt sich entweder eine Verlängerungsoption seitens des Abnehmers oder eine frühzeitige Nachverhandlung.

Für den Bereich des Urheberrechts im Internet ist eine räumliche Eingrenzung der Nutzung nur schwer technisch durchsetzbar. In Betracht kommt lediglich eine Beschränkung auf bestimmte Sprachgebiete. Eine weitere Möglichkeit der Limitierung des Rechts auf Nutzung besteht auf der inhaltlichen Ebene - eine ausschließliche Nutzung in den klassischen Medien oder alleine im Internet sei als Beispiel genannt. Wird keine explizite vertragliche Vereinbarung über die inhaltliche Bestimmtheit der Nutzung getroffen, so kommt die sog. Zweckübertragungslehre zur Anwendung. Entscheidend ist danach, zu welchem Zweck der Lizenzvertrag abgeschlossen wurde.

2.3 Wettbewerbsrecht im Internet

Von besonderer Bedeutung für den E-Commerce ist daneben das Wettbewerbsrecht, welches sich gegen unlautere Handlungen im Wettbewerb richtet. Geregelt ist dieser Bereich überwiegend im Gesetz gegen den unlauteren Wettbewerb (UWG)[8]. Im Gegensatz zum Urheberrecht geht es

8 in Kraft getreten am 08.07.2004, BGBl. I, S. 1414 ff.

hierbei weniger um den Schutz von Leistungen, als um den Schutz der Wettbewerber, der Verbraucherinnen und Verbraucher sowie der sonstigen Marktteilnehmer vor unlauterem Wettbewerb (so die Zweckbestimmung in § 1 UWG neue Fassung).

2.3.1 Welches Recht ist anwendbar?

Kollisionsrechtliche Fragen

Wie auch beim Urheberrecht muss dem Teilnehmer am Rechtsverkehr bewusst sein, dass die im Internet feststellbaren Handlungen überall vorgenommen werden und sich überall auswirken können. Staatliche Grenzen oder nationale Rechtssysteme spielen keine Rolle mehr.

Grundsätzlich wird das anwendbare Recht nach dem Tatort ermittelt (Art. 40 Abs. 1 EGBGB). Tatort im wettbewerbsrechtlichen Sinne ist der Marktort. Das ist der Ort, an dem die marktbezogene Wettbewerbshandlung auf den Wettbewerbsgegner einwirkt, also der Ort, an dem die wettbewerbsrechtlichen Interessen der Konkurrenten aufeinandertreffen. Für den Offline-Betrieb begründet jeder Vertrieb des Produkts in Deutschland die Anwendung des deutschen Rechts.

Im Online-Betrieb kommt Werbung in zwei Formen in Betracht: Zum einen durch individuell oder serienmäßig versandte E-Mails, zum anderen durch die Gestaltung einer Website. Die Rechtmäßigkeit der E-Mail bzw. der Website bemisst sich nach dem Recht des Landes, in dem die E-Mail bestimmungsgemäß empfangen bzw. von dem aus eine Website bestimmungsgemäß abgerufen werden kann.

Bestimmung des zu beachtenden Wettbewerbsrechts

Für den Unternehmer, der per E-Mail Werbung verschicken oder über seine Website Waren vertreiben möchte, stellt sich damit die Frage, nach welchen Kriterien der Adressatenkreis - und damit das zu beachtende Wettbewerbsrecht - festgelegt wird.

In Ermangelung klarer gesetzlicher Regelungen haben Rechtsprechung und Literatur versucht, objektive Indizien herauszuarbeiten, nach denen bestimmt werden kann, auf welche Verkehrskreise eine Werbekampagne im Internet zielt. Als relevant dürften danach die Sprachfassung, die für das Online-Angebot verfügbaren Zahlungsmittel sowie Hinweise auf Verkaufs- und Lieferbeschränkungen („Die hier angebotenen Waren können von Österreich oder der Schweiz aus nicht bestellt werden") gelten. Eine klare Beschränkung auf einen oder mehrere nationale Märkte ist damit freilich nicht automatisch verbunden. Denn schon bei Verwendung der englischen oder französischen Sprache ist eine weltweite Bedeutung nicht auszuschließen. Auch der Verweis auf Zahlungsmittel dürfte im Hinblick auf die in Zukunft wachsende Bedeutung des elektronischen Zahlungsverkehrs im Internet sowie der Existenz transnationaler Währungen nicht weiterhelfen.

Entscheidend ist, wie sich der Online-Anbieter im Einzelfall verhält und ob er Bestellungen aus dem Ausland de facto annimmt oder nicht. Ist die Marktausrichtung einer Website nicht eindeutig bestimmbar, wird der Betreiber damit rechnen müssen, dass er mehrere nationale Wettbewerbsordnungen zu beachten hat.

Tipp: Zur Vermeidung der Anwendung ausländischen und in der Regel unbekannten Rechts sollte der Unternehmer bei seinem Internet-Auftritt unbedingt überprüfen, ob er seine Werbung nicht eindeutig auf bestimmte Märkte beschränken möchte (z. B. durch Klarstellung auf seiner Website – diese Erläuterung darf jedoch nicht im Widerspruch zum tatsächlichen Angebot stehen).

Änderungen durch die E-Commerce-Richtlinie und § 4 Teledienstgesetz (TDG)

Im Gebiet der Europäischen Union genügt es gemäß Art. 3 der E-Commerce-Richtlinie[9] (ECRL) jedoch, wenn ein Provider seine Dienste entsprechend den Vorgaben seines Heimatstaates erbringt, auch wenn er Teledienste grenzüberschreitend in einem anderen EU-Mitgliedsstaat vornimmt. Das europarechtliche Herkunftslandsprinzip gilt gerade auch für Handlungen im Internet. Dies ist nicht zuletzt für Unterlassungs- und Schadensersatzansprüche des Wettbewerbsrechts bedeutsam, weil solche gegenüber Anbietern, die ihre Niederlassung im EU-Ausland haben, wegen Verstößen gegen deutsches Wettbewerbsrecht nicht mehr in Frage kommen. Denn hierbei handelte es sich um „Einschränkungen" des

9 „Richtlinie über den elektronischen Geschäftsverkehr" 2000/31/EG, ABl. Nr. L 178

freien Dienstleistungsverkehrs der im EG-Ausland niedergelassenen Anbieter, die ebenfalls untersagt sind (so klarstellend § 4 Abs. 2 TDG). Für die Unternehmen eröffnet sich damit die Möglichkeit, strenge nationale Lauterkeitsregelungen durch Verlagerung ihres Geschäftssitzes in das EU-Land mit den geringsten Restriktionen zu umgehen.

Vor diesem Hintergrund bedeuteten das Rabattgesetz und die Zugabeverordnung für deutsche Anbieter eine Diskriminierung gegenüber anderen europäischen Anbietern. Um Nachteile für deutsche Unternehmen im Internet-Handel zu vermeiden, sind daher das Rabattgesetz und die Zugabeverordnung unter dem Druck der E-Commerce-Richtlinie Ende Juli 2001 abgeschafft worden[10].

Das Herkunftslandprinzip der ECRL wurde durch § 4 TDG in nationales Recht umgesetzt.

Es gilt allerdings nur für geschäftsmäßiges Handeln, d. h. nur für ein nachhaltiges, auf Dauer angelegtes Angebot von Telediensten. Private Gelegenheitsgeschäfte sind damit nicht erfasst.

Herabgesetzt wird die Bedeutung des Herkunftslandprinzips durch eine Fülle von Ausnahmen (§ 4 Abs. 3 und 4 TDG). So ist die Anwendung u. a. ausgeschlossen hinsichtlich

- der Vorschriften für vertragliche Verpflichtungen in Bezug auf Verbraucherverträge,
- der Freiheit der Rechtswahl durch die Vertragsparteien, d. h. im vertraglichen B2B-Bereich ist eine Rechtswahl möglich und wird nicht vom Herkunftslandprinzip überlagert,
- Urheberrechten, verwandten Schutzrechten sowie gewerblichen Schutzrechten,
- der Zulässigkeit nicht angeforderter Werbung per E-Mail (Spamming),
- Gewinnspielen mit einem einen Geldwert darstellenden Einsatz bei Glücksspielen, einschließlich Lotterien und Wetten.

10 BGBl. I 2001, S. 1661 ff.

Für diese Ausnahmebereiche gilt weiterhin das Bestimmungslandsprinzip, d. h. es gilt das Recht des Staates, in dem der Dienst empfangen wird bzw. in Anspruch genommen wird.

2.3.2 Anwendung des deutschen Rechts

Ist geklärt, dass auf die Rechtsfrage das deutsche Recht anwendbar ist, gelten bei wettbewerbsrechtlich beachtlichen Handlungen im Rahmen von Online-Diensten im Wesentlichen die allgemeinen Regelungen des Gesetzes gegen den unlauteren Wettbewerb.

Gesetz gegen den unlauteren Wettbewerb

Das UWG wurde durch die Novellierung vom 3. Juli 2004 geändert. Während die bisherige Fassung sich an zahlreichen Stellen auf unbestimmte Rechtsbegriffe beschränkte und die Ausgestaltung weitgehend der Rechtsprechung überließ, will das neue UWG mehr Transparenz schaffen und hat die von der Rechtsprechung entwickelten Fallgruppen in den Gesetzestext übernommen. Dadurch kann der von der Regelung Betroffene nun leichter unmittelbar aus dem Gesetz entnehmen, welche Handlungen erlaubt oder verboten sind. Dennoch wirft das UWG zahlreiche neue Fragen auf, die von der Rechtsprechung zu klären sein werden. Neben der genannten Zwecksetzung ist das Gesetz auch aufgrund europarechtlicher Vorgaben überarbeitet worden.

Generalklausel § 3 UWG

§ 3 UWG n. F. verbietet unlautere Wettbewerbshandlungen, die geeignet sind, den Wettbewerb zum Nachteil der Mitbewerber, Verbraucher und sonstiger Marktteilnehmer nicht nur unerheblich zu beeinträchtigen. Als Wettbewerbshandlungen gelten Handlungen, die darauf gerichtet sind, den Absatz, den Bezug von Waren oder die Erbringung oder den Bezug von Dienstleistungen zugunsten des eigenen Unternehmens oder eines fremden Unternehmens zu fördern (§ 2 Abs. 1 Nr. 1 UWG n. F.). Somit hat der Gesetzgeber am Erfordernis des Handelns zu Zwecken des Wettbewerbs festgehalten. Neu ist hingegen, dass die Generalklausel des § 3 UWG n. F. (bisher § 1 UWG) eine Spürbarkeitsschwelle eingeführt hat („nicht nur unerheblich zu beeinträchtigen"). Welche Anforderungen hieran zu stellen sind, wird von der künftigen Rechtsprechung abhängen.

Der neugefasste § 4 UWG enthält Beispiele für unlautere Geschäftspraktiken im Sinne von § 3 UWG n. F.. Die in § 4 UWG n. F. aufgeführten Beispiel entsprechen den von der Rechtsprechung entwickelten Fallgruppen. Sie sind als Regelbeispiele nicht abschließend.

Unlauter und damit verboten sind z. B. folgende Wettbewerbshandlungen:

- Das Ausnutzen der geschäftlichen Unerfahrenheit (insbesondere von Kindern und Jugendlichen), der Leichtgläubigkeit, der Angst oder einer Zwangslage von Verbrauchern (§ 4 Nr. 2 UWG n. F.),
- Die Verschleierung des Werbecharakters (§ 4 Nr. 4 UWG n. F.),
- Die fehlende oder unklare Angabe der Teilnahmebedingungen bei Preisausschreiben und Gewinnspielen mit Werbecharakter (§ 4 Nr. 5 UWG n. F.),
- Die Koppelung von Kauf und Gewinnspiel (§ 4 Nr. 6 n. F.),
- Die Nachahmung von Waren oder Dienstleistungen eines Mitbewerbers, wenn eine vermeidbare Täuschung über die betriebliche Herkunft herbeigeführt wird (§ 4 Nr. 9a UWG n. F.),
- Die unangemessene Ausnutzung oder Beeinträchtigung der Wertschätzung der nachgeahmten Ware oder Dienstleistung (§ 4 Nr. 9 b UWG n. F.).

Darüber hinaus sind in den Vorschriften der §§ 5 ff. UWG die wettbewerbsrechtlich relevanten Tatbestände der irreführenden sowie der vergleichenden Werbung und der unzumutbaren Belästigungen aufgeführt.

Zielrichtung des UWG-Anspruchs

Der klassische Anspruch des Wettbewerbsrechts ist auf die Beseitigung einer Beeinträchtigung gerichtet, die aufgrund wettbewerbswidrigen und rechtswidrigen Verhaltens eingetreten ist.

Damit geht ein Anspruch auf Unterlassung einer Handlung einher, sofern die Gefahr der Wiederholung besteht (§ 8 Abs. 1 UWG n. F.). Der Anspruch ist verschuldensunabhängig (§§ 3, 8 Abs. 2 UWG n. F.; Umkehrschluss aus

§ 9 UWG n. F.). Schutz vor rechtsmissbräuchlichen Unterlassungsklagen bietet § 8 Abs. 4 UWG n. F.. Hiernach sind Unterlassungsklagen insbesondere dann unzulässig, wenn sie vorwiegend dazu dienen, gegen den Zuwiderhandelnden einen Anspruch auf Aufwendungsersatz oder die Kosten der Rechtsverfolgung entstehen zu lassen.

Ferner hat der Betroffene gem. § 9 UWG n. F. einen Anspruch auf Schadensersatz, wenn der Wettbewerber schuldhaft (d. h. vorsätzlich oder fahrlässig) der Norm des § 3 UWG n. F. zuwider gehandelt hat. Erfasst sind hiervon auch die mit der Verfolgung und Abwehr des Verstoßes entstandenen Aufwendungen, wie die Einschaltung eines Rechtsanwaltes.

Schließlich besteht nach § 10 UWG n. F. darüber hinausgehend ein Gewinnabschöpfungsanspruch bei vorsätzlichen Verstößen gegen § 3 UWG n. F.. Dieser Anspruch soll abschreckende Wirkung auf den Werbetreibenden haben. Das Problem der Bezifferung des konkreten Wettbewerbsvorteils bleibt der Praxis vorbehalten.

Neben diesen wettbewerbsrechtlichen Ansprüchen kommen auch allgemeine Ansprüche aus dem Deliktsrecht in Betracht. Beide Ansprüche können nebeneinander geltend gemacht werden.

Spezielle Regelungen des Lauterkeitsrechts

Einschränkungen bei der Online-Werbung ergeben sich neben dem UWG auch durch die Vorgaben spezieller Lauterkeitsgesetze und das Markengesetz.

Hierzu zählen die Werbeverbote im Mediendienste-Staatsvertrag der Länder für Werbung, die sich auch an Kinder oder Jugendliche richtet, deren Interessen schadet oder ihre Unerfahrenheit ausnutzt (§§ 12, 13 MDStV). Im Internet ist ferner auch die Preisangabenverordnung zu beachten. Jeder Anbieter muss gem. § 1 Abs. 1 PAngV bei allen auf Bildschirm übertragenen Angeboten gegenüber Letztverbrauchern die Preise einschließlich Umsatzsteuer und sonstiger Preisbestandteile angeben (sog. Endpreis).

Schwierig ist die Rechtslage für Online-Marketing-Unternehmen. Sie müssen die umfangreichen Regelungen für den Bereich der Arzneimittelwerbung im Arzneimittel- und Heilmittelwerbegesetz ebenso beachten, wie das allgemeine Werbeverbot für Zigaretten, zigarettenähnliche Tabakerzeugnisse und Tabakerzeugnisse, die zur Herstellung von Zigaretten durch Verbraucher bestimmt sind, soweit die Werbung in Rundfunk und Fernsehen ausgestrahlt werden soll (vgl. § 22 Abs. 1 Lebensmittel- und Bedarfsgegenständegesetz, LBMG).

Maßgeblich ist in diesem Zusammenhang die Doc-Morris-Entscheidung des Europäischen Gerichtshofs (EuGH, C-322/01; WRP 2004, 205 ff.) bezüglich der Zulässigkeit des Arzneimittelhandels über das Internet. Danach verstößt das Verbot des Versandhandels mit nicht verschreibungspflichtigen Medikamenten gegen das Gemeinschaftsrecht, während das Verbot des Versandhandels mit verschreibungspflichtigen Medikamenten als rechtmäßig erachtet wurde. Auf die Frage der Zulässigkeit der Werbung mit verschreibungspflichtigen Arzneimitteln wirkt sich dies nach der Entscheidung des EuGH dahingehend aus, dass auch das Verbot der Werbung für den Versandhandel mit verschreibungspflichtigen Medikamenten keinen Verstoß gegen das Gemeinschaftsrecht darstellen kann. Dagegen verstößt das grundsätzliche Verbot der Werbung für den Versandhandel mit nicht verschreibungspflichtigen Arzneimitteln gegen das Gemeinschaftsrecht. Wie weit die Werbeverbote allerdings gehen, ließ der EuGH offen.

Nicht zuletzt von dieser Entscheidung beeinflusst, wurde zum 01.01.2004 durch das Gesetz zur Modernisierung der gesetzlichen Krankenversicherung (GMG) das Versandhandelsverbot für Arzneimittel gelockert und mit behördlicher Erlaubnis nunmehr der Versand auch verschreibungspflichtiger Arzneimittel zugelassen. Damit einhergehend wurde auch das Heilmittelwerberecht mit der Maßgabe geändert, dass das Werbeverbot für Arzneimittel auf Bestellformulare im Internetversandhandel keine Anwendung findet, soweit die in dem Formular enthaltenen Angaben für eine ordnungsgemäße Bestellung erforderlich sind. Ungeklärt ist jedoch nach wie vor, ob diese begrenzte Erlaubnis der Arzneimittelwerbung im Internet hinsichtlich der Werbung mit verschreibungspflichtigen Arzneimitteln mit dem Gemeinschaftsrecht vereinbar ist (vgl. hierzu ausführlich Arhold / Wimmer, Arzneimittelhandel über das Internet, K&R 2004, 126 ff.).

2.3.3 Ausgewählte Problembereiche des Wettbewerbsrechts

A Online-Auktionen

Internetversteigerungen oder Internetauktionen werden in den verschiedensten Ausgestaltungen im Internet angeboten. Sie haben sich dort inzwischen zu einer eigenen Vertriebsform für gebrauchte und neue Waren etabliert und erfreuen sich beim Verbraucher großer Beliebtheit. Daher erstaunt nicht, dass sich Rechtsprechung und Literatur intensiv mit den rechtlichen Hintergründen dieser neuen Vertriebsform beschäftigen und dabei zu recht unterschiedlichen Ergebnissen gelangen.

Dabei geht es nicht nur um die Frage, ob die Durchführung solcher Auktionen gemäß § 34 b der Gewerbeordnung (GewO) der Genehmigung durch die zuständige Behörde bedarf (so LG Hamburg, Urteil vom 14.04.1999, Az.: 315 O 144/99, K&R 1999, 424; Stögmüller, K&R 1999, 391, 393). Das Kammergericht Berlin sowie das OLG Frankfurt haben dagegen in weiteren Entscheidungen die Auffassung vertreten, dass Internetversteigerungen nicht unter den Versteigerungsbegriff im Sinne des § 34b GewO fallen, so dass sie hiernach keiner Erlaubnispflicht unterliegen (vgl. KG Berlin, Urteil vom 11.05.2001 Az.: 5 U 9686/00; OLG Frankfurt, Urteil vom 01.03.2001, Az.: 6 U 46/00).

Auch wenn Online-Auktionen keine Auktionen im Sinne des § 34b GewO sind, dürfen sie sich aber durchaus als „Auktionen" bezeichnen. Das OLG Frankfurt (siehe oben) sah in der Bezeichnung keine Irreführung im Sinne von § 5 UWG n. F.. Der Begriff „Auktion" sei vieldeutig geworden; er könne sich auch auf Verkaufsveranstaltungen beziehen, die keine Versteigerungen im Rechtssinne darstellen.

Für die Auktionsteilnehmer stellt sich auch die Frage, unter welchen Voraussetzungen ein Vertrag im Internet zu Stande kommt, der den Versteigerer am Ende verpflichtet, die Ware tatsächlich zu übereignen.

Mit seinem Grundsatzurteil aus dem Jahre 2001 hat der Bundesgerichtshof die Rechtssicherheit für Anbieter von Auktionsplattformen wesentlich erhöht. Die Entscheidung des BGH (Urteil vom 07.11.2001, Az.: VIII ZR

13/01) betraf die Wirksamkeit von Kaufverträgen, die im Rahmen von Online-Auktionen geschlossen werden. Ein Anbieter hatte einen neuen VW-Passat (Wert DM 57.000,--) über die Plattform eines Internetauktionshauses zum Verkauf angeboten. Obwohl sich der Verkäufer verpflichtet hatte, das höchste Gebot zu akzeptieren, weigerte er sich jedoch den Passat für DM 26.500,-- an den Ersteigerer auszuliefern.

Die Richter stellten ausdrücklich klar, dass Versteigerungsangebote auch dann verbindlich sind, wenn der erzielte Preis deutlich unter dem Verkehrswert bleibt. Will der Anbieter solche Verkäufe unter Wert ausschließen, muss er im Rahmen der Versteigerungsausschreibung einen Mindestgebotswert festlegen.

Ferner hat das OLG Hamburg (Urteil vom 05.07.2001 - 3 U 35/01) entschieden, dass die Eingabe eines Mindestangebots von 1 DM für ein Markengerät , das DM 4598,-- kosten soll, wegen übertriebenen Anlockens wettbewerbswidrig im Sinne des § 1 UWG a. F. sei. Der Auktionator habe auf Kosten des Markenproduktes das spielerisch-spekulative Moment einer solchen Online-Auktion eingesetzt, um mit dem kaum noch zu unterbietenden Mindestangebot besondere Aufmerksamkeit zu erregen.

Hinsichtlich der Frage der Verantwortlichkeit von Internetauktionshäusern für die auf ihren Plattformen veröffentlichten Versteigerungsangebote haben zuletzt sowohl das OLG Brandenburg (Urteil vom 16.12.2003, Az. 6 U 161/02) als auch das OLG Düsseldorf (Urteil vom 24.02.2004, Az. I 20 U 204/02) entschieden, dass es sich dabei um fremde Inhalte handele, für die die Auktionshäuser nicht verantwortlich seien (beispielsweise für die Versteigerung von Plagiaten oder jugendgefährdenden Schriften).

Unter Aufgabe seiner bisherigen Auffassung entschied der BGH mit seinem Urteil vom 13.03.2003 (I ZR 212/00), dass auch sog. umgekehrte Versteigerungen im Internet, bei denen der Preis nach bestimmten Zeittakten sinkt, grundsätzlich kein wettbewerbswidriges übertriebenes Anlocken mehr darstellen.

Das Oberlandesgericht Frankfurt hat im Juli 2004 entschieden, dass die Anpreisung eines Schmuckstücks als „Cartier-Stil" eine vergleichende Werbung im Sinn von § 6 Abs. 1 UWG n. F. darstellt. Diese Werbung ist unlauter, weil sie die Wertschätzung des Kennzeichens „Cartier" ausnutzt (vgl. OLG Frankfurt, Urteil vom 27.07.2004, Az.: 6 W 80/04).

Verbrauchern, die bei Online-Auktionen, wie eBay, Waren von gewerblichen Anbietern ersteigern, steht bei bestimmten Vertragsgestaltungen ein Widerrufsrecht (siehe Leitfaden „Recht im Internet" Teil 3 Vertragsgestaltung im Cyberlaw) zu. Dies entschied der Bundesgerichtshof in seinem Urteil vom 03.11.2004 (vgl. BGH, Az.: VIII ZR 375/03).

B Powershopping

Eine weitere Verkaufsform im Internet ist das so genannte „Powershopping". Hier genießen gleichgesinnte Kaufinteressierte, die innerhalb einer Frist im Internet zusammengebracht werden, Mengenrabatte des Händlers. Die Nachlässe sind nach der Kundenzahl gestaffelt, meist liegen sie bei ca. 30 %. Der Kunde weiß am Anfang nicht, welchen Rabatt er am Ende erhält.

Nach Auffassung des OLG Hamburg (Urteil vom 14.08.2000) und des OLG Köln (Urteil vom 01. 06.2001) war das sog. Powershopping als solches ein Verstoß gegen das (inzwischen aufgehobene) Rabattgesetz; die Werbung mit mehreren Preisstufen je nach Zahl der Interessenten verstoße ferner wegen des Spielcharakters und im Hinblick auf die damit verbundene Wertreklame gegen § 1 UWG a. F.. Durch das Einblenden von Zwischenständen, die Gegenüberstellung zur unverbindlichen Preisempfehlung des Herstellers und die zeitliche Befristung soll der Käufer von einer erforderlichen Prüfung des Angebotes abgelenkt werden.

Beide Entscheidungen sind noch nicht rechtskräftig. Die Entscheidungen des BGH über die Revision (unter Az. I ZR 185/01 geführt) stehen noch aus.

C Kommerzielle Versendung von E-Mails

Die Unternehmen haben E-Mails als preiswerten Werbeträger schätzen gelernt. Nirgendwo sonst lassen sich für wenige Cent Tausende von Werbebotschaften an potentielle Empfänger versenden. Mit seiner Entscheidung vom 11. März 2004 (Aktenzeichen I ZR 81/01) bestätigte der BGH die schon bislang herrschende Meinung, wonach die Zusendung einer unverlangten E-Mail (im entschiedenen Fall handelte es sich um einen Newsletter) zu Werbezwecken grundsätzlich gegen § 1 UWG a. F. verstößt. Danach ist eine solche Werbung nur dann ausnahmsweise zulässig, wenn der Empfänger ausdrücklich oder konkludent sein Einverständnis erklärt hat, E-Mail-Werbung zu erhalten oder wenn bei der Werbung gegenüber Gewerbetreibenden aufgrund konkreter tatsächlicher Umstände ein sachliches Interesse des Empfängers vermutet werden kann. Nach der Rechtsprechung des BGH trägt der Werbende für das Vorliegen der Einwilligung die Beweislast. Wie auch bei der Telefax-Werbung braucht der Kunde Sendungen nicht hinzunehmen, wenn zwischen Absender und Empfänger keine Geschäftsbeziehung besteht und auch sonst der Anbieter nicht annehmen darf, dass die Zusendung mit mutmaßlichem Einverständnis des Adressaten erfolgt. Denn durch die Zusendung unerwünschter E-Mails zu Werbezwecken entsteht eine Belästigung, die der Empfänger nicht zu dulden braucht.

Durch die UWG-Reform wird nunmehr ausdrücklich durch § 7 Abs. 2 Nr. 3 UWG n. F. die Versendung von E-Mails ohne Einwilligung des Adressaten (sog. „Spamming") als unzumutbare Belästigung und somit als unlautere Wettbewerbshandlung im Sinne von § 3 UWG n. F. eingeordnet. Hiernach ist folglich grundsätzlich die Einwilligung (sog. „opt-in") für die Rechtmäßigkeit von E-Mail-Werbung erforderlich. An die Einwilligung sind hohe Anforderungen zu stellen. Allein das Eintragen der Adresse in ein E-Mail-Verzeichnis rechtfertigt die Vermutung nicht.

Ausnahmen in gesetzlicher Hinsicht sind in § 7 III Nr. 1 bis 4 UWG n. F. geregelt. Abweichend von Absatz 2 Nr. 3 ist eine unzumutbare Belästigung bei einer Werbung unter Verwendung elektronischer Post nicht anzunehmen, wenn

1. ein Unternehmer im Zusammenhang mit dem Verkauf einer Ware oder Dienstleistung von dem Kunden dessen elektronische Postadresse erhalten hat,
2. der Unternehmer die Adresse zur Direktwerbung für eigene ähnliche Waren oder Dienstleistungen verwendet,
3. der Kunde der Verwendung nicht widersprochen hat und

4. der Kunde bei Erhebung der Adresse und bei jeder Verwendung klar und deutlich darauf hingewiesen wird, dass er der Verwendung jederzeit widersprechen kann, ohne dass hierfür andere als die Übermittlungskosten nach den Basistarifen entstehen.

Zu beachten ist, dass alle diese Voraussetzungen zusammen vorliegen müssen.

D Hyperlinks

Weitere wettbewerbs- und markenrechtliche Probleme ergeben sich bei der Verwendung von Hyperlinks.

Der bloße Verweis eines Unternehmens in seiner Homepage auf die Pages anderer Unternehmen ist dann zulässig, wenn der Markeninhaber dem „Cross-Referencing" ausdrücklich zugestimmt hat. Die herrschende Meinung nimmt darüber hinaus auch eine konkludente Zustimmung für die Benutzung fremder Internet-Adressen an (siehe nur OLG Düsseldorf, Urteil vom 26.06.1999, Az.: 20 U 85/98), denn Hyperlinks sind für das WWW kennzeichnend. Wer sich und sein Unternehmen im Internet präsentiert, rechnet damit, dass andere Internetteilnehmer auf seine Seite verweisen. Allerdings sind Ausnahmen zu diesem allgemeinen Prinzip zu beachten.

So hat das OLG München entschieden, dass eine Markenbenutzung auch dann vorliegt, wenn im nicht sichtbaren Teil einer Internet-Website ein Markenname als Metatag, d. h. als bloßes Suchwort verwendet wird (Urteil vom 06.04.2000, Az.: 6 U 4123/99). Die Verwendung der geschützten Marke als Suchbegriff könne die Gefahr begründen, dass die Website im Verkehr fälschlicherweise dem Markeninhaber zugeschrieben und so dessen Ruf ausgebeutet werde, so das Gericht in seiner Begründung.

Nicht per se wettbewerbswidrig ist das sogenannte Key-Advertising bei dem nach Eingabe eines Suchbegriffs Werbebanner eingeblendet werden. Das Key-Advertising ist allerdings dann wegen Irreführung wettbewerbswidrig, wenn nach Eingabe des Suchbegriffs das Werbebanner einer Firma eingeblendet wird, die entgegen der berechtigten Annahme des Nutzers keinen Zusammenhang mit dem eingegebenen Begriff aufweist.

Problematisch sind auch so genannte Virtual Malls und digitale Kaufhäuser, in denen Kunden zwischen reichhaltigen Angeboten kommerzieller Homepages auswählen können. Diese sind auch nach § 14 Abs. 2 Nr. 3 MarkenG auf rufmäßige Ausbeutung zu prüfen. Hiernach darf eine fremde Marke dann nicht benutzt werden, wenn hierdurch die Unterscheidungskraft herabgesetzt oder die Wertschätzung der bekannten Marke in unlauterer Weise ausgenutzt oder beeinträchtigt wird.

Problematisch ist ferner auch das so genannte Inline-Linking, wenn durch den Einsatz von Frames suggeriert wird, dass die „gelinkte" Homepage von einem anderen als dem tatsächlichen Anbieter stammt. In einem vergleichbaren Fall hat der BGH Werbeanzeigen für Fortbildungen, die unter der Rubrik Stellenangebote geführt waren, unter dem Gesichtspunkt des irreführenden Anlockens für unlauter erklärt (vgl. BGH, Urteil vom 25.04.1991, Az.: I ZR 134/90).

Bedenklich dürfte eine solche Vorgehensweise auch im Hinblick auf das Urhebernamensrecht (§ 12 UrhG) sein. Wettbewerbsrechtlich relevant im Sinne von § 1 UWG a. F. ist es darüber hinaus wohl dann, wenn in der Darstellung der fremden Website im eigenen Frame die Übernahme fremder unter Mühen und Aufwendungen zusammengestellter Daten liegt (so OLG Celle, Urteil vom 12.05.1999, CR 1999, 523 ff; LG Berlin, Urteil vom 21.05.1996 - 16 O 171/96, CR 1997, 216).

Der BGH hat in seiner „Paperboy"-Entscheidung vom 17.07.2003 (I ZR 259/00) zur Frage der Wettbewerbswidrigkeit von sog. Hyperlinks Stellung genommen und entschieden, dass die Auswertung von im Internet publizierten tagesaktuellen Nachrichten durch den Suchdienst „paperboy" und die Weiterleitung direkt auf bestimmte Nachrichtenseiten keinen Verstoß gegen das UWG darstelle. Der Suchdienst stelle im konkreten Fall in Form der Auflistung der Nachrichten aus einer Auswahl von mehreren hundert Nachrichtenanbietern eine eigene Leistung dar, so dass keine wettbewerbswidrige Ausbeutung und aufgrund der Klarstellung des Urhebers auch keine Herkunftstäuschung erfolge. Allerdings bleibt in diesem Bereich trotz dieser Entscheidung noch ein erheblicher Spielraum an denkbaren wettbewerbswidrigen Praktiken.

2.3.4 Trennungsgebot

Bei der Gestaltung der Websites von Bedeutung ist schließlich das Trennungsgebot im Electronic Business. Danach ist Werbung klar vom redaktionellen Teil der Websites zu trennen, wenn es sich um einen Online-Dienst als Mediendienst im Sinne des Mediendienste-Staatsvertrages der Länder handelt (§ 10 Abs. 4 MDStV n. F.).

Das Trennungsgebot galt bisher in Deutschland nur für Mediendienste, mit Umsetzung der ECRL gilt es jetzt jedoch für alle Anbieter (§ 7 Nr. 1 TDG n. F.).

3 Vertragsgestaltung im Cyberlaw

3.1 Einleitung

Der Markt, den das Internet eröffnet, ist global. Eine globale Rechtsordnung, die diesem Umstand Rechnung trägt, gibt es hingegen nicht. Auf ein im Internet gemachtes Angebot können weltweit ca. 200 verschiedene nationale Rechtsordnungen anwendbar sein. Zu diesen Unsicherheitsfaktoren auf internationaler Ebene kommen Haftungsrisiken auf nationaler Ebene.

Mit dieser Broschüre sollen einige Fragen geklärt werden, die beim Vertragsschluss im Internet auftreten können. Darüber hinaus soll auf die mit der Verknüpfung des eigenen Angebots mit Inhalten Dritter verbundenen Gefahren und Haftungsrisiken eingegangen werden.

3.2 Kollisionsrechtliche Fragen

Im Internet werden viele Verträge mit grenzüberschreitendem Charakter geschlossen. Auf diese ist nicht automatisch deutsches Recht anwendbar. Vielmehr ist zunächst zu prüfen, ob die Regeln des Internationalen Privatrechts (IPR, Art. 27 bis 37 EGBGB) anwendbar sind. Dies ist dann der Fall, wenn keine völkerrechtlichen Vereinbarungen bestehen, die unmittelbar anwendbares innerstaatliches Recht geworden sind (z. B. UN-Kaufrecht). Andernfalls kommt das von den Parteien ausdrücklich oder konkludent gewählte Recht zur Anwendung.

Wenn die Parteien keine Rechtswahl getroffen haben, gilt nach Art. 28 Abs. 1 S.1 EGBGB das Recht des Staates, mit dem der Vertrag die engsten Verbindungen hat (sog. objektive Anknüpfung). Nach Art. 28 Abs. 2 S.1 EGBGB wird vermutet, dass dies der Ort ist, an dem die charakteristische Leistung erbracht wird (beim Kaufvertrag der Sitz des Verkäufers).

3.3 Vertragsschluss im Internet

Über das Internet können Verträge grundsätzlich genau so abgeschlossen werden wie im normalen Geschäftsleben, nämlich durch zwei übereinstimmende Willenserklärungen (Angebot und Annahme). Dabei ist zu beachten, dass die Homepage in der Regel nur als Einladung zur Abgabe eines Angebotes („invitatio ad offerendum") anzusehen ist. Das Angebot geht vom Besteller aus (z. B. per Mausklick oder E-Mail) und wird vom Anbieter der Internetseite geprüft und angenommen.

Substantielle Änderungen des deutschen Rechts sind durch die Richtlinie über den elektronischen Geschäftsverkehr 2000/31/EG (sog. E-Commerce-Richtlinie - ECRL)[1] erfolgt. Diese ist am 17. Juli 2000 in Kraft getreten.

Die ECRL wurde auf Bundesebene vor allem durch das Gesetz über rechtliche Rahmenbedingungen für den elektronischen Geschäftsverkehr (EGG) umgesetzt. Das EGG ist am 21. Dezember 2001 in Kraft getreten (BGBl. I S. 3721). Darüber hinaus wurden die vertragsrechtlichen Regelungen der Richtlinie durch das Gesetz zur Anpassung der Formvorschriften im Privatrechtsbereich[2] (siehe 3.7) und das Schuldrechtsmodernisierungsgesetz[3] umgesetzt.

In Umsetzung der Richtlinie hat der Unternehmer gemäß § 312e Abs. 1 Nr. 3 BGB seit dem 1. Januar 2002 dem Kunden den Zugang von dessen Bestellung unverzüglich auf elektronischem Wege zu bestätigen.

Der Kunde hat nach §§ 312d, 355 BGB[4] das Recht, den Vertrag binnen 14 Werktagen zu widerrufen. Dieses Widerrufsrecht erlischt jedoch nicht nach 14 Tagen, wenn der Verbraucher nicht ordnungsgemäß über seine Rechte belehrt worden ist (siehe 3.7).

Der Besteller kann sein Angebot nach §§ 119, 120 BGB anfechten, wenn seine Willenserklärung vom Provider falsch übermittelt worden ist, wenn er irrtümlich falsche Eingaben gemacht hat oder wenn er die E-Mail versehentlich versendet hat. Beruhen die Fehler jedoch auf der Verwendung von mangelhafter Soft- oder Hardware oder sind sie durch falsches Datenmaterial bei der Datenverarbeitung entstanden, berechtigen sie nach überwiegender Auffassung nicht zur Anfechtung.

1 http://europa.eu.int/comm/internal_market/de/ecommerce/index.htm
2 Gesetz zur Anpassung der Formvorschriften im Privatrecht (BGBl. 2001 I S. 1542)
3 Gesetz zur Modernisierung des Schuldrechts vom 26.11.2001 (BGBl. 2001 I S. 3138)
4 Übernahme der im Fernabsatzgesetz getroffenen Regelungen in das BGB zum 1. Januar 2002

Wird ein Vertrag nicht in so genannten Chatrooms geschlossen, handelt es sich beim Vertragsschluss im Internet um einen Vertrag unter Abwesenden. Ein Vertrag zwischen Abwesenden kommt zustande, wenn die Erklärung so in den Machtbereich des Empfängers gelangt ist, dass dieser von der Willenserklärung Kenntnis nehmen kann und unter normalen Umständen auch mit der Kenntnisnahme zu rechnen ist (sog. Empfangs- oder Zugangstheorie). Maßgeblich für den Zugang ist, wann mit dem Abruf der E-Mail durch den Empfänger üblicherweise gerechnet werden kann. Bei Geschäftsleuten kann während der Geschäftszeiten die regelmäßige Kontrolle des Posteingangs erwartet werden. Spätestens mit Geschäftsschluss gilt daher in der Regel die während des Tages abgesandte Nachricht als zugegangen. Da Privatpersonen eine ständige Kontrolle ihres Posteingangs nicht zuzumuten ist und praktisch meist an den Arbeitszeiten scheitert, gilt bei diesen grundsätzlich eine E-Mail erst am nächsten Tag als zugegangen.

Allerdings ergeben sich auch hier Besonderheiten durch die ECRL. Diese sieht in Art. 11 Abs. 2 eine Sonderregelung zur Korrektur von Eingabefehlern vor. Typischerweise fallen Eingabefehler in den Risikobereich des Nutzers. Dieser kann seine Erklärung anfechten, trägt dann aber den Vertrauensschaden des Providers. Hier schaltet § 312e Abs. 1 Nr.1 BGB einen zusätzlichen Schutzfilter vor, indem der Provider verpflichtet wird, ein Mittel zur Korrektur von Eingabefehlern zur Verfügung zu stellen und den Nutzer darüber zu informieren (§ 3 Nr. 3 BGB-Informationspflichten-Verordnung[5] - BGB-InfoV).

Neben der Bestimmung des konkreten Umfangs dieser Informationspflichten ist das zentrale Problem dieser Regelung die Frage, welche Folgen ein Verstoß dagegen nach sich zieht. § 312e Abs. 3 S.2 BGB sieht vor, dass eventuelle Fristen zur Ausübung eines Widerrufsrechtes bei Nichterfüllung der Informationspflichten nicht zu laufen beginnen.

In Abweichung vom oben beschriebenen Zugangsbegriff des BGB gelten Erklärungen nach § 312e Abs. 1 Nr. 4 S. 2 BGB als „eingegangen", wenn sie vom Empfänger unter gewöhnlichen Umständen abgerufen werden können. Ob mit sofortiger Kenntnisnahme zu rechnen ist, ist danach gleichgültig.

5 BGB-InfoV vom 2.1.2002 (BGBl. I S. 342)

3.4 Schrift-, Text- und elektronische Form

Grundsätzlich bedürfen Verträge nach deutschem Recht keiner bestimmten Form. Nur in wenigen Fällen, wie z. B. bei Bürgschaftsverträgen, Schuldanerkenntnissen, Quittungen etc., ist die Schriftform vorgeschrieben. Diese richtet sich nach § 126 BGB. Danach muss der Text vom Aussteller eigenhändig durch Namensunterschrift oder mittels notariell beglaubigten Handzeichens unterzeichnet werden.

Nach den Vorgaben der ECRL soll ein Vertrag, der auf elektronischem Wege zustande gekommen ist, nicht zur Ungültigkeit oder Wirkungslosigkeit des Vertrages führen. Artikel 9 stellt klar, dass jeder elektronische Text die Schriftform erfüllt, unabhängig davon, wie er zustande gekommen ist. Korrigierend greift Absatz 2 der Vorschrift ein, der Notarsverträge, Verträge mit Registerpflicht sowie familien- und erbrechtliche Vereinbarungen ausnimmt. Nach Absatz 3 sollen die Mitgliedstaaten der Kommission eine vollständige Liste von weiteren Ausnahmefällen vorlegen.

Die Mitgliedsstaaten haben daher sicherzustellen, dass Verträge nicht allein wegen des Umstandes, dass sie auf elektronischem Wege zustande gekommen sind, keine rechtliche Wirksamkeit oder Gültigkeit haben (Diskriminierungsverbot). Der wirksame Abschluss von Verträgen über das Internet soll somit nicht an den Formvorschriften des nationalen Rechts scheitern.

Im Mai 1999 hat das Bundesjustizministerium daraufhin einen Gesetzesentwurf zur Anpassung der Formvorschriften des Privatrechts an den modernen Geschäftsverkehr vorgelegt. Das Gesetz ist am 1. August 2001 in Kraft getreten.

Darin wird die so genannte qualifizierte elektronische Signatur als „elektronische Form" der gesetzlichen Schriftform gleichgestellt. Zudem wird die „Textform" als neues Formerfordernis definiert.

Die elektronische Form findet ihre Ausgestaltung in den neuen §§ 126 Abs. 3 und 126a BGB. Die elektronische Form ist durch die qualifizierte elektronische Signatur nach dem Signaturgesetz (siehe V.) erfüllt. Der Aussteller der elektronischen Form versieht sein Dokument mit seinem Namen und einer elektronischen Signatur. Beim Abschluss eines gegenseitigen Vertrages müssen beide Parteien gemäß § 126a Abs. 2 BGB ein gleich lautendes Dokument signieren und sich dadurch für die elektronische Form als Ersatz der Schriftform entscheiden. Andernfalls ist die Willenserklärung nichtig.

Für die gewillkürte Schriftform bedarf es, so weit nicht ein anderer Wille anzunehmen ist, gemäß § 127 Abs. 3 BGB einer elektronischen Signatur, die aber nicht das Erfordernis einer qualifizierten elektronischen Signatur erfüllen muss (fortgeschrittene elektronische Signatur, § 2 Nr. 2 SigG). Die vereinbarte elektronische Form kann daher durch elektronische Signaturen ersetzt werden, die nicht durch Zertifizierungsstellen vergeben werden.

Ausgeschlossen ist die elektronische Form u. a. für die Kündigung von Arbeitsverhältnissen (§ 623 BGB), die Bürgschaftserklärung (§ 766 S. 2 BGB) oder eines Schuldversprechens (§§ 780, 781 BGB).

Neben der „elektronischen Form" regelt das Formgesetz eine neue Form rechtsgeschäftlichen Handelns, die „Textform" (§ 126b BGB), die für alle Fälle gilt, in denen das Erfordernis einer eigenhändigen Unterschrift unangemessen und verkehrserschwerend wäre. Die Textform kommt somit den Bedürfnissen des modernen Rechtsverkehrs entgegen. Die Textform wird dann eingehalten, wenn die Erklärung in einer Urkunde oder auf andere zu dauerhaften Wiedergabe in Schriftzeichen geeignete Weise abgegeben, die Person des Erklärenden genannt und der Abschluss der Erklärung durch Nachbildung der Namensunterschrift oder anders erkennbar gemacht wird. Der Gesetzgeber erfasst damit auch eingescannte Unterschriften und die bloße Namensnennung als rechtswirksam, also das Computerfax von PC zu PC. Im Gesetz ausgewiesene Fälle für die Textform sind z. B. §§ 355 Abs. 1, 356 Abs. 1 Nr. 3 BGB (Widerrufs- und Rückgaberecht bei Verbraucherverträgen).

3.5 Beweiswert digitaler Dokumente

Neben der Schriftform stellt sich die Frage nach dem Beweiswert digital generierter Dokumente. Nach herrschender Auffassung können diese Dokumente nur im Rahmen der freien richterlichen Beweiswürdigung im

Zivilprozess Berücksichtigung finden; eine Qualifizierung als Urkunde im Sinne von § 416 Zivilprozessordnung (ZPO) kommt nicht in Betracht. Die Parteien können daher nicht darauf vertrauen, dass die elektronisch erstellten Unterlagen den vollen Beweis für den Vertragsabschluss via Internet erbringen. Auch eine Beweisvereinbarung, wonach sich der Kunde verpflichtet, den Beweiswert der elektronischen Urkunde zu akzeptieren, hilft nicht weiter. Denn auch eine solche Klausel hätte keine Bindungswirkung für die Gerichte. Die Bindung des Kunden an eine solche Klausel ist ebenfalls zweifelhaft.

Hier hat allerdings die Europäische Union mit der Ende 1999 in Kraft getretenen Signaturrichtlinie (1999/93/EG) Abhilfe geschaffen. Der Bundestag hat im Februar 2001 die Novellierung des Signaturgesetzes beschlossen, um die Vorgaben der Signaturrichtlinie in deutsches Recht umzusetzen. Am 22. Mai 2001 ist das Gesetz im Bundesblatt veröffentlicht worden (BGBl. I S. 876 ff.).[6] Ende November 2001 trat auch noch die dazu gehörende Signaturverordnung in Kraft (BGBl. I S. 3080).

Das neue Signaturgesetz beinhaltet nunmehr auch Regelungen zur Gleichstellung der sog. qualifizierten elektronischen Signatur (§ 2 Nr. 3 SigG) mit der zivilprozessualen Urkunde. § 292a ZPO stellt eine Vermutungsregel auf, nach der der Empfänger einer mit qualifizierter elektronischer Signatur versehenen digitalen Erklärung von ihrer Echtheit ausgehen darf. Das Authentizitätsrisiko einer solchen Willenserklärung trägt der Inhaber der elektronischen Signatur, mit der die Erklärung versehen ist. Er haftet, wenn er Unberechtigten durch fehlerhaftes Verhalten die Verwendung seiner Signatur ermöglicht.

3.6 Das Recht der Allgemeinen Geschäftsbedingungen

Gemäß § 305 Abs. 2 BGB (§ 2 Abs. 1 AGBG[7]) werden Allgemeine Geschäftsbedingungen nur dann Bestandteil eines Vertrages, wenn der Verwender bei Vertragsabschluss die andere Vertragspartei ausdrücklich oder durch deutlich sichtbaren Aushang am Ort des Vertragsabschlusses auf sie hinweist und der anderen Vertragspartei die Möglichkeit verschafft, in zumutbarer Weise von ihrem Inhalt Kenntnis zu nehmen und wenn die andere Vertragspartei mit ihrer Geltung einverstanden ist.

6 erneute Novellierung des Signaturgesetzes im Januar 2005, Erstes Gesetz zur Änderung des Signaturgesetzes (1. SigÄndG), BGBl. I Nr. 1 S. 2 ff.)
7 Übernahme der im AGBG getroffenen Regelungen in das BGB zum 1.1.2002

Für den Abschluss von Verträgen über das Internet stellt sich daher die Frage, wie die Allgemeinen Geschäftsbedingungen gestaltet werden müssen, damit von ihrer Geltung ausgegangen werden kann. Wird durch einzelvertragliche Regelungen vorab auf die AGB hingewiesen und deren Einbeziehung vereinbart, sind die Anforderungen von § 305 BGB erfüllt. Ferner zu beachten ist § 312e Abs.1 Nr. 4 BGB. Für den elektronischen Geschäftsverkehr ist ausdrücklich geregelt, dass der Unternehmer dem Kunden die Möglichkeit verschaffen muss, die Vertragsbestimmungen einschließlich der AGB bei Vertragsschluss abzurufen und in wiedergabefähiger Form zu speichern.

Ein Hinweis auf die AGB kann im Falle einer Internetpräsenz mit Online-Bestellmöglichkeit problemlos mittels eines Buttons oder eines Links in Textform erfolgen. Dieser Hinweis muss aber gut lesbar und darf nicht an versteckter Stelle angebracht sein. Daneben muss der Kunde die Möglichkeit haben, in zumutbarer Weise vom Inhalt der AGB Kenntnis zu nehmen. Obgleich die Rechtsprechung auch umfangreiche AGB im Internet zulässt, sofern die Möglichkeit des Herunterladens gegeben ist, sollten die AGB keine für den Kunden unzumutbare Länge haben. Der Unternehmer sollte die AGB - z. B. über Button - stets auf jeder Bildschirmseite aufrufbar halten. Darüber hinaus muss es für den Kunden möglich sein, die AGB auf seiner Festplatte zu speichern und mit der Druckfunktion seines Browsers auszudrucken.

Manche Unternehmen sind bereits dazu übergegangen, dass der Kunde vor Erteilung seiner Bestellung die AGB lesen und sein Einverständnis erklären muss, um überhaupt auf die Bestellseite zu kommen. Auf Grund der strengen Maßstäbe, die in Deutschland von manchen Gerichten hinsichtlich der Zumutbarkeit der Kenntnisnahme der AGB angelegt werden, kann ein solches Vorgehen sinnvoll sein.

3.7 Verbraucherschutz im Internet

Eine besondere Rolle bei der Nutzung des Internet spielen Verbraucherschutzfragen. Schwellenängste vor den neuen Medien und fehlendes Vertrauen in die Sicherheit des Rechts- und Zahlungsverkehrs sorgen teilweise noch immer für Zurückhaltung beim Verbraucher. Um das Potential von E-Commerce besser auszuschöpfen, sind daher eine Reihe rechtlicher Regelungen durch den europäischen und deutschen Gesetzgeber erlassen worden. Kernstück der Regelungen sind die Vorschriften über Fernabsatzverträge (§§ 312b ff. BGB), mit denen die EU-Richtlinie über Geschäfte im Fernabsatz[8] in deutsches Recht umgesetzt worden ist.

3.7.1 Kollisionsrechtliche Fragen

Auch bei Verbraucherverträgen stellt sich zunächst die Frage nach dem anwendbaren Recht. Haben die Parteien keine ausdrückliche Rechtswahl getroffen, die den Anforderungen des Art. 29 Abs. 1 EGBGB entspricht und einen Mindestschutz des Verbrauchers garantiert, richtet sich das anzuwendende Recht nach den Artikeln 27 - 37 EGBGB. Die besonderen Verbraucherschutzregeln des deutschen IPR sind zu beachten.

Danach gilt bei Verbraucherverträgen das Recht des Staates, in dem der Verbraucher seinen gewöhnlichen Aufenthalt hat (Art. 29 Abs. 2 EGBGB). Auch die E-Commerce-Richtlinie lässt die Möglichkeiten der Vertragsparteien, einzelvertragliche Regelungen zu treffen, unberührt. Unterliegt ein Vertrag demnach ausländischem Recht, so sind allgemeine Geschäftsbedingungen gleichwohl den Bestimmungen des AGB-Gesetzes zu unterziehen, wenn der Vertrag eine enge Beziehung zu dem Gebiet der Bundesrepublik Deutschland aufweist (Art. 29a EGBGB).

3.7.2 Das Fernabsatzrecht

Mit den Vorschriften über Fernabsatzverträge (§§ 312b - d BGB) ist die Position des Verbrauchers im Fernabsatz weiter gestärkt worden. Fernabsatzverträge sind Verträge über die Lieferung von Waren oder über die Erbringung von Dienstleistungen, die zwischen einem Unternehmer und einem privaten Endverbraucher (§ 13 BGB) unter ausschließlicher Verwendung von Fernkommunikationsmitteln abgeschlossen werden. Verträge zwischen zwei Verbrauchern sind also ebenso wenig betroffen, wie solche zwischen Unternehmen. Fernkommunikationsmittel sind nach § 312b Abs. 2 BGB Techniken, die die Anbahnung oder den Abschluss eines Vertrages ohne gleichzeitige Anwesenheit der Vertragsparteien erlauben. Dazu zählen Briefe, Kataloge, Telefonanrufe, Telekopien, Fax,

8 Richtlinie 97/7/EG vom 20. Mai 1997

E-Mails sowie Rundfunk, Tele- und Mediendienste (Internet). Ihnen allen ist gemein, dass sich Verbraucher und Anbieter physisch nicht begegnen, die Verbraucher also die Ware oder Dienstleistung nicht vor Vertragsabschluss prüfen können. Ausgenommen von der Anwendung der §§ 312b ff. BGB bleiben eine Reihe spezialgesetzlich geregelte Bereiche wie der Fernunterricht oder die Teilzeitnutzung von Wohngebäuden, die Veräußerung von Grundstücken, die Lieferung von Lebensmitteln und Getränken, sowie Verträge, die an Warenautomaten geschlossen werden.

Exkurs: Fernabsatzrecht für Finanzdienstleistungen

Bisher galten die Vorschriften des Fernabsatzes ausdrücklich nicht für Finanzgeschäfte, insbesondere Bankgeschäfte, Finanz- und Wertpapierdienstleistungen und Versicherungen sowie deren Vermittlung. Mit der Umsetzung der so genannten EU-Richtlinie über den Fernabsatz von Finanzdienstleistungen[9] in deutsches Recht (§ 312b BGB neue Fassung) ist nun eine große Lücke im Fernabsatzrecht geschlossen worden. Wie im bisher geregelten Fernabsatzrecht auch, stehen dem Verbraucher seit dem 8. Dezember 2004[10] jetzt deutlich mehr Rechte beim Abschluss von Fernabsatzverträgen über Finanzdienstleistungen zu, als dies bislang der Fall war. Finanzdienstleistungen sind in erster Linie Bankdienstleistungen, aber auch „Dienstleistungen im Zusammenhang mit einer Kreditgewährung, Versicherung, Alterversorgung von Einzelpersonen, Geldanlage oder Zahlung". Zum einen verpflichtet der Gesetzgeber die gewerblichen Anbieter solcherlei Finanzdienstleistungen zur umfassenden Information des Verbrauchers über sich selbst und die von ihm angebotenen Leistungen (§ 1 BGB-Info-VO n. F.). Darüber hinaus erhält der Verbraucher ein Widerrufsrecht.

Exkurs Ende

Zum Schutz des Verbrauchers werden dem Unternehmer umfassende Unterrichtungspflichten aufgelegt. Wo immer Fernkommunikationsmittel zur Anbahnung oder zum Abschluss von Verträgen eingesetzt werden, müssen der geschäftliche Zweck, das heißt das kommerzielle Interesse, sowie die Identität des Unternehmers offengelegt werden. Im Telefonmarketing muss dies zu Beginn des Gesprächs erfolgen.

9 EU-Richtlinie 2002/65/EG
10 Gesetz zur Änderung der Vorschriften über Fernabsatzverträge bei Finanzdienstleistungen, BGBl. 2004 I Nr. 64 S. 3102f.

§ 312c Abs. 1 Nr. 1 BGB n. F. in Verbindung mit § 1 Abs. 1 BGB-Info-VO n. F.[11] verpflichtet den Anbieter zudem, den Verbraucher rechtzeitig vor Abgabe von dessen Vertragserklärung zu informieren über:

1. Identität und Registereinträge mit Ort und Registernummer,
2. Identität eines Vertreters des Unternehmers in dem Mitgliedsstaat, in dem der Verbraucher seinen Wohnsitz hat oder die Identität einer anderen gewerblichen Person, mit der der Verbraucher zu tun hat,
3. Anschrift des o.g. Vertreters oder der Kontaktperson
4. ladungsfähige Anschrift, gegebenenfalls Name des Vertretungsberechtigten
5. wesentliche Merkmale der Ware oder Dienstleistung sowie darüber,
6. wie der Vertrag zustande kommt,
7. die Mindestlaufzeit des Vertrages, wenn dieser eine dauernde oder regelmäßig wiederkehrende Leistung zum Inhalt hat,
8. gegebenenfalls den Vorbehalt, eine in Qualität und Preis gleichwertige Leistung (Ware oder Dienstleistung) zu erbringen und einen Vorbehalt, die versprochene Leistung im Falle ihrer Nichtverfügbarkeit nicht zu erbringen,
9. den Gesamtpreis der Ware oder Dienstleistung einschließlich aller damit verbundenen Preisbestandteile sowie alle über den Unternehmer abgeführten Steuern. Wenn kein genauer Preis angegeben werden kann, muss die Grundlage für die Berechnung des Preises angegeben werden, die dem Verbraucher eine Überprüfung des Preises ermöglicht.
10. gegebenenfalls zusätzlich anfallende Liefer- oder Versandkosten sowie einen Hinweis auf mögliche weitere Steuern oder Kosten, die nicht über den Unternehmer abgeführt oder von ihm in Rechnung gestellt werden,

11 Änderung durch das Gesetz zur Änderung der Vorschriften über Fernabsatzverträge bei Finanzdienstleistungen

11. Einzelheiten hinsichtlich der Zahlung und der Lieferung oder Erfüllung,
12. das Bestehen eines Widerrufs- oder Rückgaberechts sowie die Bedingungen, Einzelheiten der Ausübung und Rechtsfolgen des Widerrufs- oder Rückgaberechts,
13. Kosten, die dem Verbraucher durch die Nutzung der Fernkommunikationsmittel entstehen, sofern sie über die üblichen Grundtarife, mit denen der Verbraucher rechnen muss, hinausgehen und
14. die Gültigkeitsdauer befristeter Angebote, insbesondere des Preises.

Der Unternehmer hat dem Verbraucher gemäß § 312c Abs. 2 BGB i.V.m. § 1 Abs. 4 BGB-Info-VO ferner mitzuteilen:

1. die Vertragsbestimmungen einschließlich der Allgemeinen Geschäftsbedingungen, § 312c Abs. 2 BGB,
2. Informationen über Kundendienst und geltende Gewährleistungs- und Garantiebedingungen
3. vertragliche Kündigungsbedingungen einschließlich etwaiger Vertragsstrafen bei Dauerschuldverhältnissen oder Verträgen, die für eine längere Zeit als ein Jahr oder für unbestimmte Zeit geschlossen sind.

Der Unternehmer muss dem Verbraucher diese Informationen alsbald, spätestens bis zur vollständigen Erfüllung des Vertrages, bei Waren spätestens bis zur Lieferung an den Verbraucher, in Textform mitteilen. § 312c Abs. 2 BGB gilt jedoch nicht für Dienstleistungen, die unmittelbar durch Einsatz von Fernkommunikationsmitteln erbracht werden, sofern diese Leistungen in einem Mal erfolgen und wenn sie über den Betreiber der Fernkommunikationsmittel abgerechnet werden. Dies ist zum Beispiel dann der Fall, wenn über eine gebührenpflichtige Telefonnummer Veranstaltungshinweise abgerufen werden können. Auch hier sind jedoch Informationen über die Anschrift der Niederlassung des Unternehmens zu hinterlegen.

Kommt der Unternehmer den gesetzlichen Anforderungen nicht nach, so beginnt die Frist für das gesetzlich eingeräumte Widerrufsrecht nicht zu laufen. Darüber hinaus muss der Unternehmer mit Unterlassungsklagen von den dazu befugten Organisationen rechnen.

Im übrigen sind die Informationspflichten gemäß § 6 TDG[12] (sog. Anbieterkennzeichung) zu beachten. Jeder, der sich mit einer Website im Internet präsentiert, muss seit Dezember 2001 bestimmte Informationen über seine Identität vorhalten. Folgende Informationen müssen leicht erkennbar, unmittelbar erreichbar und ständig verfügbar sein:

- den Namen des Anbieters (gegebenenfalls die vollständige Firma)
- die Anschrift des Anbieters (Postfach ist nicht ausreichend!)
- den Namen des Vertretungsberechtigten
- den Namen und die Anschrift des Verantwortlichen für den Inhalt journalistisch-redaktioneller Angebote (gilt nur für sog. Mediendienste)
- die Umsatzsteuer-Identifikations-Nummer (sofern vorhanden)
- Angaben zur zuständigen Aufsichtsbehörde, sofern die ausgeübte Tätigkeit einer staatlichen Genehmigung bedarf (z. B. Makler- und Bauträger)
- Telefonnummer und E-Mail-Adresse
- gegebenenfalls zuständiges Handelsregister, Partnerschaftsregister, Genossenschaftsregister oder Vereinsregister einschließlich der Registernummer

Zu empfehlen ist ein auf allen Seiten einer Internetadresse erreichbarer Link zu der Seite mit diesen Informationen (z. B. Kontakt, Impressum).

3.7.3 Widerrufs- und Rückgaberecht

Ein Schwerpunkt der Vorschriften über Fernabsatzverträge bildet das Widerrufs- bzw. Rückgaberecht (§§ 312d, 355 bis 357 BGB) des Verbrauchers. Der deutsche Gesetzgeber ist hier über die EU-Richtlinie hinausge-

12 Teledienstegesetz, zuletzt geändert am 14.12.2001 (BGBl. I S. 3721 f.)

gangen, indem er bestimmt, dass die Widerrufsfrist nicht nur 7 Werktage, sondern zwei Wochen beträgt. Innerhalb dieser Frist kann der Kunde den Vertrag ohne Angabe von Gründen widerrufen. Die Einzelheiten des Widerrufsrecht für alle betroffenen Verbraucherschutzgesetze sind in § 355 BGB einheitlich geregelt. Sonderbestimmungen für Fernabsatzgeschäfte sind dahingehend getroffen worden, als die Widerrufsfrist nicht vor Erfüllung der Informationspflichten, bei der Lieferung von Waren nicht vor dem Tag ihres Eingangs beim Empfänger zu laufen beginnt (§ 312d Abs. 2 BGB). Das Widerrufsrecht erlischt spätestens sechs Monate nach Vertragsschluss. Bei der Lieferung von Waren beginnt die Frist nicht vor dem Tag ihres Eingangs beim Empfänger.

Die Widerrufsbelehrung kann nach dem in der BGB-Info-VO enthaltenen „amtlichen" Muster (zuletzt geändert im Rahmen des Gesetzes zur Änderung der Vorschriften über Fernabsatzverträge bei Finanzdienstleistungen) erstellt werden.[13] Sie gilt in diesem Fall als ordnungsgemäße Belehrung.

Zu beachten sind die Ausnahmebestimmungen für das Widerrufsrecht nach § 312d Abs. 4 BGB. So soll der Verbraucher z. B. ein Widerrufsrecht nicht ausüben können bei Waren, die nach seinen Spezifikationen speziell angefertigt wurden, bei Verträgen zur Lieferung von Audio- oder Videoaufzeichnungen oder Software, die vom ihm entsiegelt worden sind und bei der Bestellung von Zeitungen, Zeitschriften und Illustrierten.

Exkurs: Widerrufsrecht bei Internetauktionshäusern (eBay)

Das Widerrufsrecht besteht auch nicht bei Fernabsatzverträgen, die in der Form von Versteigerungen (§ 156 BGB) geschlossen werden, § 312d Abs. 4 Nr. 5 BGB. Allerdings sind so genannte Versteigerungen eines Internetauktionshauses (wie zum Beispiel eBay) von dieser Ausnahmevorschrift nicht erfasst. Der Bundesgerichtshof (BGH) hat mit Urteil vom 1. Dezember 2004 (Az.: VIII ZR 375/03) entschieden, dass es sich in diesen Fällen nicht um eine Versteigerung im Sinne von § 156 BGB handelt, da es am dafür erforderlichen Zuschlag fehle. Damit stehen nach Ansicht des BGH in solchen Fällen den Verbrauchern auch die Rückgaberechte des Fernabsatzrechts zu.

13 Das Muster ist im Internet u.a. unter www.wettbewerbszentrale.de zu finden

Exkurs Ende

Widerruft der Kunde den Vertrag, so hat der Unternehmer die Kosten der Warenrücksendung grundsätzlich zu übernehmen. Dem Verbraucher können allerdings die regelmäßigen Kosten der Rücksendung vertraglich auferlegt werden, wenn der Preis der zurückzusendenden Sache einen Betrag von 40 Euro nicht übersteigt, § 357 Abs. 2 Satz 3 BGB. Die Auferlegung der Kosten auf den Verbraucher ist auch bei einem höherem Warenwert möglich, wenn der Verbraucher die Gegenleistung oder eine Teilzahlung zum Zeitpunkt des Widerrufs noch nicht erbracht hat, es sei denn, dass die gelieferte Ware nicht der bestellten entspricht.

Nach § 357 Abs. 3 BGB muss eine durch den bestimmungsgemäßen Gebrauch der Sache entstandene Wertminderung vom Verbraucher jedoch ersetzt werden, wenn er vorher auf diese Rechtsfolge hingewiesen worden ist.

Das Widerrufsrecht kann durch ein Rückgaberecht nach §§ 312 Abs. 1 S. 2, 356 Abs. 1 BGB ersetzt werden, wenn im Verkaufsprospekt eine deutlich gestaltete Belehrung über das Rückgaberecht enthalten ist und der Verbraucher den Verkaufsprospekt in Abwesenheit des Unternehmers eingehend zur Kenntnis nehmen konnte und wenn dem Verbraucher das Rückgaberecht in Textform eingeräumt wird. Das Rückgaberecht kann nur durch Rücksendung der Ware oder, wenn diese nicht als Paket versandt werden kann, durch Rücknahmeverlangen innerhalb der 2-Wochen-Frist ausgeübt werden. Das Rücknahmeverlangen muss in Textform oder durch Rücksendung der Sache erfolgen. Eine Begründung ist nicht erforderlich.

Die Vorschriften über Fernabsatzvertrage bzw. das Fernabsatzgesetz sind am 1. Juli 2000 in Kraft getreten. Seither boomt nicht nur der Versandhandel, sondern auch die Retourenquoten. Für den Unternehmer sind aufgrund dieser Vorschriften zusätzliche Belastungen verbunden. Er sollte daher

1. unbedingt sorgfältig prüfen, ob ein Geschäft unter § 312b BGB fällt
2. die Informationspflichten sorgfältig einhalten,
3. entscheiden, ob für ihn das Widerrufsrecht oder gegebenenfalls das alternative Rückgaberecht vorteilhafter ist
4. seine Allgemeinen Geschäftsbedingungen anpassen.

Umgehungsversuche durch rechtliche Gestaltungen sind ebenso nutzlos wie Allgemeine Geschäftsbedingungen, die zum Nachteil des Verbrauchers von den Informationspflichten befreien oder Widerrufs- oder Rückgaberechte ausschließen. Sie sind gemäß § 312f BGB unwirksam. Eine weitsichtige Produkt-, Service- und Informationspolitik dürfte jedoch dem Unternehmer helfen, den Rücklauf aus widerrufenen Verkaufsverträgen zu minimieren. Die klassischen Versandhäuser, die ihren Kunden seit jeher freiwillig ein Rückgaberecht gewähren, dürften damit Vorbild auch für kleine und mittlere Unternehmen sein.

3.7.4 Gewinnzusagen müssen eingehalten werden

Ein Unternehmer, der Gewinnzusagen oder vergleichbare Mitteilungen an Verbraucher sendet und durch Gestaltungen dieser Zusendungen den Eindruck erweckt, dass der Verbraucher einen Preis gewonnen hat, muss dem Verbraucher den Preis leisten, § 661a BGB. Mit dieser Regelung soll die Unsitte bekämpft werden, dass Unternehmer Mitteilungen über angebliche Gewinne versenden, die dem Verbraucher auf Nachfrage aber nicht ausgehändigt werden. Der Verbraucher soll Vertrauen in die zugesendeten Informationen bzw. Waren erhalten.

Dies gilt nicht nur für den Fernabsatz, sondern auch für auf traditionellem Wege geschlossene Verträge. Darüber hinaus stellt § 241a BGB fest, dass die Lieferung unbestellter Waren bzw. die Erbringung unbestellter sonstiger Leistungen durch einen Unternehmer an den Verbraucher keinen Anspruch gegen den Verbraucher begründet. Auch diese Regelung soll unseriöse und wettbewerbswidrige Geschäftsanbahnungspraktiken unterdrücken. Mithin ist der Verbraucher weder zur Herausgabe von Nutzungen noch zur Leistung von Schadensersatz verpflichtet. Der Unternehmer hat nur dann Ansprüche gegen den Verbraucher, wenn die Ware irrtümlich bei ihm landet und dieser erkennen konnte, dass es sich nicht um eine bewusste unbestellte Leistung, sondern eine irrtümliche Sendung handelte.

3.8 Haftung von Online-Diensten

Fraglich ist, wie Diensteanbieter für eigene oder fremde Inhalte, die sie zur Nutzung bereithalten, verantwortlich sind. Auch ist fraglich, wie derjenige, der eine Homepage im Internet anbietet, für den Inhalt einstehen muss.

Besonderheiten ergeben sich unter Umständen aus dem Inhalt der vereinbarten Pflichten. Eine Beschränkung der Haftung, etwa in Allgemeinen Geschäftsbedingungen, kommt hinsichtlich der vertraglichen Haftung von vornherein jedoch kaum in Betracht. Das BGB, insbesondere die §§ 307 bis 309 BGB, verbieten jeglichen Ausschluss sowie jegliche Beschränkung der Haftung für arglistiges Verhalten und Garantien (§ 444 BGB) sowie vorsätzliches und grob fahrlässiges Verhalten. Zusätzlich hat die Rechtsprechung abgeleitet, dass auch für mittlere und leichte Fahrlässigkeit des Lieferanten die Haftung nicht ausgeschlossen werden darf, sofern es sich um die Verletzung vertragswesentlicher Pflichten handelt.

Unwirksam dürften daher folgende Vertragsbestimmungen sein:
„Jede Haftung für Mängel wird ausgeschlossen."
„Für fahrlässiges Verhalten des Verkäufers wird nicht gehaftet."
„Wir haften nicht für Mängelfolgeschäden, Datenverlust und entgangenen Gewinn."
„Wir haften für Schäden bis zur Höhe von ...?."
„Wir schließen jegliche Haftung, soweit gesetzlich zulässig, aus."
„Wir schließen unsere Haftung für leicht fahrlässige Pflichtverletzungen aus."

Zulässig bleibt nur eine Klausel wie folgt: „Wir schließen unsere Haftung für leicht fahrlässige Pflichtverletzungen aus, sofern diese keine vertragswesentlichen Pflichten betreffen, Leben, Gesundheit oder Körper betreffen oder Ansprüche nach dem Produkthaftungsgesetz berührt sind. Gleiches gilt für Pflichtverletzungen unserer Erfüllungsgehilfen."

Je nach Herkunft der Anspruchsgrundlagen lassen sich folgende Haftungstatbestände unterscheiden:

- Haftung nach den Regeln des allgemeinen Zivilrechts
- Verstöße gegen die Regeln des unlauteren Wettbewerbs
- Verletzung immaterieller Rechte Dritter
- Verstöße gegen das Strafrecht.

① Allgemeines Zivilrecht

Die zivilrechtliche Haftung besteht in der Haftung aus Vertrag und aus Delikt. Die Haftung für die Erfüllung vertraglicher Pflichten folgt den allgemeinen Regeln, insbesondere denen des Bürgerlichen Gesetzbuches (BGB). Besonderheiten ergeben sich u. U. aus dem Inhalt der vereinbarten Pflichten.

Voraussetzung für die nichtvertragliche, d. h. deliktische Haftung ist die Verletzung von durch die Rechtsordnung geschützten absoluten Rechten. Im Internet dürfte insbesondere der Schutz von Persönlichkeit, Ehre und wirtschaftlichem Ruf von Belang sein. Erfasst sind darüber hinaus Leben, Körper und Gesundheit sowie Freiheit und Eigentum.

② Wettbewerbsrechtliche Haftungsgrundsätze

Das Wettbewerbsrecht (Gesetz gegen den unlauteren Wettbewerb, UWG[14]) sieht Ansprüche auf Unterlassung des Wettbewerbsverstoßes und Ansprüche auf Schadenersatz vor. Für die Unterlassungsansprüche (§ 8 UWG n. F.) ist kein Verschulden des in Anspruch genommenen Wettbewerbers erforderlich; es genügt, wenn er in irgendeiner Weise den Verstoß unterstützt hat, obwohl er die rechtliche Möglichkeit zur Verhinderung hatte. Die Schadenersatzansprüche (§ 9 UWG n. F.) setzen dagegen ein Verschulden voraus; der Wettbewerber muss den Verstoß vorsätzlich oder fahrlässig begangen haben.

Neben den bisher bekannten Sanktionen gibt es im neuen UWG als neue Sanktionsmöglichkeit den Gewinnabschöpfungsanspruch, § 10 UWG n.F.. Voraussetzung für diesen Anspruch ist ein Verstoß gegen das UWG, der zu Lasten einer Vielzahl von Abnehmern zu einem Gewinn geführt haben muss (z. B. Adressbuchschwindel, Mehrwertdiensteabzockerei).

§§ 4 bis 7 UGW n. F. veranschaulichen, welche Wettbewerbshandlungen als unlauter anzusehen sind. Diese Paragrafen entsprechen der bisherigen Fallgruppen-Rechtsprechung zu § 1 UWG a. F..

Eine der ersten Entscheidungen in diesem Zusammenhang erging durch das Landgericht Traunstein. Das Landgericht entschied bereits 1997, dass

14 Das neue UWG ist am 8. Juli 2004 in Kraft getreten (BGBl I, 1414).

die unverlangte Versendung von Werbe-E-Mails als sogenannter Kundenfang wettbewerbswidrig sei. Daran hat sich bis heute nichts geändert. Gemäß § 7 Abs. 2 UWG n. F. ist die E-Mail-Werbung in der Regel dann verboten, wenn der Adressat nicht eingewilligt hat (siehe Leitfaden E-Commerce Teil 2: Wettbewerbs- und Urheberrecht).

3 Urheberrechtliche Haftung

Gemäß § 97 Abs. 1 Urheberrechtsgesetz (UrhG) kann auf Unterlassung und Schadensersatz in Anspruch genommen werden, wer das Urheberrecht oder ein anderes nach diesem Gesetz geschütztes Recht eines Dritten verletzt hat.

Insbesondere bei der Gestaltung des Webauftritts wird dieser Haftungstatbestand relevant. Bilder, Grafiken und Schriftzüge Dritter sind demnach grundsätzlich urheberrechtlich geschützt. Auch bei der Platzierung von Hyperlinks ist Vorsicht geboten. Je nach dem, wie stark die Internetseite, auf die verwiesen wird, in die erstellte Seite eingebunden ist, können die Rechte des Inhabers der Titelseite verletzt sein.

4 Strafrecht

Ebenfalls in Betracht kommt die Verletzung von Straftatbeständen bei E-Commerce-Aktivitäten. Es gibt vielfältige Möglichkeiten, im Internet mit dem deutschen Strafrecht in Konflikt zu geraten. Im Vordergrund stehen die sogenannten Äußerungsdelikte (z. B. ehrverletzende Äußerungen), Gefährdung des demokratischen Rechtsstaats und der öffentlichen Ordnung bzw. Verbreitung pornografischer Schriften.

Mit großem Medieninteresse werden immer wieder die Tatbestände der Verbreitung pornographischer Schriften und die Verbreitung extremistischer Propaganda über das Internet begleitet. Bereits die nicht vorsätzliche Erlangung z. B. kinderpornographischer Schriften ist strafbar, da § 184 Abs. 5 StGB den Besitz solcher Schriften unter Strafe stellt. Derjenige, dem solche Bilder z. B. in einer Email gesendet werden, ist daher verpflichtet, das Bildmaterial unverzüglich zu vernichten oder bei der Strafverfolgungsbehörde abzuliefern.

5 Internationale Sachverhalte

Für das außervertragliche Schadensersatzrecht gilt das Recht des Tatortes. Tatort ist einerseits der Ort, an dem die schadensursächliche Handlung vorgenommen wurde. Andererseits ist Tatort jedoch auch der Ort, an dem die Rechtsgutverletzung eingetreten ist (z. B. dort, wo die Internetseite empfangen werden kann).

Im Wettbewerbsrecht richtet sich die Frage des anwendbaren Rechts und damit verbunden des zuständigen Gerichts nach dem sogenannten Marktortprinzip. Danach ist grundsätzlich der Ort maßgeblich, an dem die Werbemaßnahme auf den Kunden einwirken soll. Auf den Ort des späteren Absatzes kommt es nicht mehr an.

Seit dem 21. Dezember 2001 gilt jedoch für alle Anbieter im Internet das sogenannte Herkunftslandprinzip (§ 4 TDG). Danach muss ein in Deutschland niedergelassener Anbieter grundsätzlich nur noch deutsches Recht beachten, auch wenn er in einem anderen EU-Mitgliedsstaat Teledienste anbietet. Der Vorteil liegt auf der Hand: Der Anbieter muss statt 25 Rechtsordnungen grundsätzlich nur noch eine Rechtsordnung beachten, und zwar seine eigene. Allerdings sind hier eine Reihe von Ausnahmen (§ 4 Abs. 3 und 4 TDG) vorgesehen. So gilt das Herkunftslandprinzip u. a. nicht für die Zulässigkeit nicht angeforderter Werbung per E-Mail oder bei Gewinnspielen mit einem einen Geldwert darstellenden Einsatz.

Im Urheberrecht gilt gemäß § 120 UrhG das sogenannte Territorialitäts- oder Schutzlandprinzip. Danach gilt das Recht des Staates, in dem urheberrechtlicher Schutz in Anspruch genommen wird. Wendet sich also zum Beispiel ein Urheber gegen Rechtsverletzungen in Deutschland, ist deutsches Recht anwendbar. Rechtsverletzungen in Deutschland liegen vor, wenn der Tatort in Deutschland liegt. Dies wiederum setzt voraus, dass die konkrete rechtswidrige Verwertungshandlung in Deutschland vorgenommen wurde. Bei einer Internetseite kommen dem gemäß eine Vielzahl von Handlungsordnungen respektive Rechtsordnungen in Betracht.

Im Strafrecht gilt das sogenannte Territorialitätsprinzip gemäß § 3 StGB und das sogenannte Ubiquitätsprinzip gemäß § 9 StGB. Das deutsche Strafrecht gilt demnach für Taten, die im Inland begangen werden. § 9

StGB bestimmt darüber hinaus, dass eine Tat überall dort begangen ist, wo der Täter gehandelt hat oder wo „der zum Tatbestand gehörende Erfolg eingetreten ist oder nach der Vorstellung des Täters eintreten sollte."

Für besondere Fallgruppen wie Verbreitung kinderpornografischer Darstellungen, Menschenhandel, Vertrieb von Betäubungsmitteln, Organhandel und die Verletzung von deutschen Betriebs- und Geschäftsgeheimnissen, gilt das deutsche Strafrecht darüber hinaus unabhängig von dem Ort der Rechtsverletzung. Für Internetangebote folgt daraus, dass der Erfolg grundsätzlich dort eintritt, wo das Angebot empfangen wird.

3.9 Haftung nach §§ 8 bis 11 Teledienstegesetz (TDG)

Eine weitere wichtige Rechtsfrage im Bereich des Internet ist die der Verantwortlichkeit für im Internet verbreitete Inhalte. Während die Beurteilung der Verantwortlichkeit eines Anbieters im Internet für eigene, selbst angebotene Inhalte keine Besonderheiten gegenüber anderen Medien aufweist, ist die Frage der Verantwortlichkeit desjenigen, der Informationen von Drittanbietern zur Verfügung stellt oder den Zugang zu Informationen Dritter vermittelt, oft unklar.

Die Verantwortlichkeit des Betreibers einer Homepage richtet sich nach §§ 8ff. TDG und §§ 6ff. Mediendienstestaatsvertrag (MDStV)[15].

Der Geltungsbereich des Gesetzes über die Nutzung von Telediensten erfasst dabei allein den Bereich der Individualkommunikation (§ 2 TDG). Der MDStV regelt hingegen die Informations- und Kommunikationsdienste, die an die Allgemeinheit gerichtet sind und damit keine reine Individualkommunikation darstellen, gleichwohl aber nur im geringen Maß der öffentlichen Meinungsbildung dienen, § 2 Abs. 1 MDStV.

Die Abgrenzung eines Teledienstes nach dem TDG zu einem Mediendienst nach dem MDStV kann schwierig sein und ist regelmäßig nur im Einzelfall möglich. Die maßgebenden Abgrenzungskriterien sind nach dem Gesetzeswortlaut die „individuelle Nutzung" (dann Teledienst) bzw. die Zielrichtung an die Allgemeinheit (dann Mediendienst) oder die „redaktionelle Gestaltung zur Meinungsbildung für die Allgemeinheit"

15 Fassung vom 1. April 2003

(dann Mediendienst). § 2 Abs. 2 MDStV bezeichnet exemplarisch und nicht abschließend typische Mediendienste wie etwa Teleshopping oder den Teletext. Zu den Telediensten gehören unter anderem E-Commerce-Angebote, Suchmaschinen oder Telebanking, § 2 Abs. 2 TDG.

In der Praxis ist eine Abgrenzung zwischen Teledienst und Mediendienst nur dann erforderlich, falls tatsächlich Unterschiede zwischen den Gesetzen bestehen. Das TDG und der MDStV enthalten jedoch im Wesentlichen gleiche Regelungen.

Das Gesetz unterscheidet verschiedene Provider (Diensteanbieter):

1 Content-Provider

§ 8 Abs. 1 TDG (§ 6 MDStV) bestimmt, dass der Anbieter für eigene Inhalte, die er zur Nutzung bereithält, nach den allgemeinen Gesetzen verantwortlich ist. Das bedeutet, dass sich diesbezüglich keine Besonderheiten für das Internet ergeben, sondern insbesondere die allgemeinen Regelungen des Urheberrechts, des Wettbewerbsrechts und des Zivilrechts Anwendung finden (siehe VIII.).

2 Access-Provider

Haftungserleichterungen gelten bezüglich fremder Inhalte. Gemäß § 9 TDG (§ 7 MDStV) bleibt es im Rahmen der Verantwortlichkeit des sog. Access-Providers, der lediglich den Zugang zu fremden Internetseiten ermöglicht, bei einer weitgehenden Freistellung von der Haftung. Voraussetzung für den Haftungsausschluss ist, dass der Diensteanbieter bei Durchleitung der Informationen lediglich eine passive Rolle spielt, also dass er die Übermittlung nicht veranlasst, den Adressaten der übermittelten Informationen nicht auswählt oder die Informationen verändert hat. Diese Regelung gilt auch für die automatische kurzzeitige Zwischenspeicherung von Informationen, soweit dies nur zur Durchführung der Übermittlung geschieht und nicht länger gespeichert wird, als für die Übermittlung üblicherweise erforderlich ist, § 9 Abs. 2 TDG. Erfasst wird dadurch etwa die Speicherung von E-Mails, die der Provider auf seinem Server vornimmt, um dem Empfänger den Abruf zu ermöglichen.

③ „Caching"

Der Diensteanbieter ist für eine automatische, zeitlich begrenzte Zwischenspeicherung nicht verantwortlich, wenn diese allein dem Zweck dient, die Übermittlung fremder Informationen an andere Nutzer auf deren Anfrage effizienter zu machen, § 10 TDG (§ 8 MDStV). Die Haftungsprivilegierung kommt dem Anbieter jedoch nur unter besonderen Voraussetzungen zugute. So darf er die Informationen nicht verändern. Er muss die Bedingungen für den Zugang zu den Informationen sowie die nach anerkannten Industriestandards festgelegten Regeln zur Aktualisierung beachten. Er darf die anerkannte Anwendung von Technologien zur Sammlung von Daten nicht beeinträchtigen. Zudem ist er verpflichtet, Informationen unverzüglich zu entfernen oder den Zugang zu sperren, wenn er Kenntnis davon erhält, dass sie am Ursprungsort gelöscht oder gesperrt wurden bzw. eine Behörde die Entfernung oder Sperrung angeordnet hat.

④ Host-Provider

Unter Hosting versteht man das Speichern von Informationen im Auftrag eines Nutzers, der sie auch eingegeben hat. Der Anbieter ist dann nicht verantwortlich, wenn er keine Kenntnis von der Rechtswidrigkeit der Information hat oder er unverzüglich tätig geworden ist, um die Information zu entfernen oder den Zugang zu ihr zu sperren, sobald er diese Kenntnis erlangt hat, § 11 TDG (§ 9 MDStV).

Diensteanbieter im Sinne der §§ 9 bis 11 TDG (§§ 7 bis 9 MDStV) sind nicht verpflichtet, die von ihnen übermittelten oder gespeicherten Informationen zu überwachen oder nach Umständen zu forschen, die auf eine rechtswidrige Tätigkeit hinweisen. Eine Verpflichtung zur Entfernung oder Sperrung der Nutzung von Informationen nach den allgemeinen Gesetzen bleibt unberührt. Das Fernmeldegeheimnis nach § 88 Telekommunikationsgesetz (TKG) ist zu wahren, § 8 Abs. 2 TDG (§ 6 Abs. 2 MDStV).

Das TDG geht folglich von dem Grundsatz aus, dass für eigene Informationen jeder Diensteanbieter die volle Haftung zu übernehmen hat und ihn diesbezüglich auch eine umfassende Überprüfungs- und Nachforschungspflicht trifft. Lediglich für fremde Informationen bestehen Haftungserleichterungen, welche jedoch u. a. im Falle der positiven Kenntnis rechtswidriger Handlungen in eine Haftung wie für eigene Informationen, also nach den allgemeinen Gesetzen, umschlägt. Die allgemeinen wettbewerbsrechtlichen Haftungsgrundsätze behalten also nach wie vor ihre Bedeutung.

3.10 Haftung für Hyperlinks

Ein Hyperlink ist eine Verzweigung auf einer Internetseite. Sie erlaubt es, durch bloßes Anklicken eine andere Internetadresse - eine eigene, tiefer gelegene Website oder eine fremde Seite - anzusteuern. Durch die Hyperlinks entsteht die für das Internet so typische Vernetzung verschiedenster Inhalte. Zu unterscheiden sind verschiedene Techniken des Verweisens auf fremde Seiten. Entweder kann auf die Eingangsseite (Homepage) eines fremden Anbieters hingewiesen werden (Surface-Link) oder auf eine hinter der Homepage tiefer liegende Website (Deeplinking). Als Framing oder Frame-Link wird bezeichnet, wenn die fremden Informationen, auf die verwiesen werden soll, so mit der eigenen Website verknüpft werden, dass diese im Frameset der eigenen Website erscheinen und so der Eindruck entsteht, es handele sich um das eigene Informationsangebot. Das gleiche wie beim Framing geschieht beim so genannten Inline-Linking. Hier werden fremde Inhalte, wie etwa Bilder per Link in die eigene Seite eingebunden, ohne dass dem Nutzer erkennbar wird, dass es sich um die aus einer fremden Website aufgerufenen Inhalte handelt.

In rechtlicher Hinsicht ist zwischen der Frage der Zulässigkeit des Setzens von Links und der Frage der Haftung für die auf der verlinkten www-Seite begangenen Rechtsverletzung zu unterscheiden.

1 Zulässigkeit des Setzens von Links

Das Setzen eines einfachen Links auf eine Website mit rechtlich zulässigem Inhalt bedeutet häufig lediglich einen Querverweis oder Fundstellenhinweis auf fremde Inhalte, und stellt selbst in der Regel keine urheberrechtliche Verwertungshandlung dar. Auch aus wettbewerbsrechtlicher Sicht ist der einfache Link im Regelfall nicht zu beanstanden. Anders verhält es sich beim Deeplinking, beim Inline-Linking oder beim Framing. Die Einbindung fremder, urheberrechtlich geschützter Inhalte in die eigene Website stellt eine Vervielfältigungshandlung dar, die nur dann zulässig ist, wenn zuvor die entsprechenden Nutzungsrechte beim Rechtsinhaber eingeholt werden. Darüber hinaus kann auch die fehlende Angabe fremder Urheber ein Verstoß gegen urheberrechtliche Bestimmungen, insbesondere das Recht auf Anerkennung der Urheberschaft gemäß § 13 UrhG, das Verbot der Entstellung nach § 14 UrhG oder das Bearbeitungsrecht darstellen. Hinzu kommt ein Verstoß gegen wettbewerbsrechtliche Vorschriften, etwa unter dem Gesichtspunkt einer unmittelbaren Leistungsübernahme oder Irreführung. Es empfiehlt sich daher auf derartige Techniken nur unter ausdrücklicher Angabe der fremden Urheber zu verwenden oder aber die Linktechnik so einzusetzen, dass die fremden Internetseiten deutlich als solche erkennbar sind.

2 Haftung für die auf der verlinkten www-Seite begangenen Rechtsverletzung

Die bis dato ergangene Rechtsprechung und die Ansichten in der Literatur gingen bislang überwiegend davon aus, dass das Setzen von Links dem Anwendungsbereich der Haftungsvorschriften des TDG unterfällt. Nach Umsetzung des ECRL stellt sich die Frage, ob das Setzen von Hyperlinks überhaupt noch von den Haftungsprivilegien des TDG erfasst wird. Um Informationen, die für einen Nutzer gespeichert werden (§ 11 TDG) handelt es bei Hyperlinks ebenso wenig wie um die Zwischenspeicherung von Informationen im Sinne des § 10 TDG oder die Durchleitung von Informationen im Sinne des § 9 TDG. Eine Regelungslücke und eine analoge Anwendung kommt ebenfalls nicht in Betracht, da dem Gesetzgeber die Problematik der Hyperlinks unzweifelhaft bewusst war. Man wird daher davon ausgehen müssen, dass sich die Haftung für Hyperlinks nach den allgemeinen Haftungsregeln und insbesondere den Grundsätzen der Störerhaftung richtet. Auch danach wird zukünftig zwischen den einzelnen Formen von Links differenziert werden müssen. Während Framing und Inline-Links im Regelfall die Identifizierung mit den gelinkten Informationen zum Ausdruck bringt und daher die volle Haftung wie für eigene Informationen rechtfertigt, dürfte beim herkömmlichen Link eine Haftung allenfalls für die erste Linkebene in Betracht kommen, nicht aber für die gesamte Website mit sämtlichen tieferliegenden Linkebenen. Die so mit der eigenen Website verbundenen Informationen stellen im rechtlichen Sinne keine eigenen, sondern fremde Informationen dar, für die eine Verantwortlichkeit nur ausnahmsweise in Betracht kommen sollte. Auch bei Verweisen in lange Textdokumente müssen Einschränkungen der Haftung vorgenommen werden.

4 Steuerrecht

4.1 Einleitung

Der Internet-Handel wächst weiter. Nach Angaben des Bundesverbandes des Deutschen Versandhandels e.V. haben sich die Internetumsätze seit dem Jahr 2000 beinahe verfünffacht. Der Verkauf von Waren über das Internet sei danach im Jahr 2004 auf insgesamt 4,9 Milliarden Euro gestiegen, was ein Plus von 36 % gegenüber 2003 bedeute. Ganz andere Zuwachsraten verzeichnet zum Beispiel die niederländische Versandapotheke DocMorris, die ihren Umsatz in 2004 in etwa verdreifacht hat auf mehr als 100 Millionen Euro. Die Zuwächse im Internethandel entsprechen dabei in etwa der stärkeren Nutzung des Internets. Nach einer Langzeitstudie des Prosiebensat1-Werbevermarkters Sevenone Media ist die Nutzung von 9 Minuten im Jahr 1999 auf 58 Minuten pro Tag im Jahr 2004 gestiegen. Mittelständische Unternehmen müssen weiter sehen, dass sie den Anschluss halten.

Für die Steuerverwaltungen stellen sich mit dem Internet neue Herausforderungen. Der Fiskus wird sich noch stärker mit den neuen Medien auseinandersetzen müssen. Die Instrumente und Regelungen der old Economy passen vielfach nicht für die new Economy, wobei „new" vielfach schon Alltag geworden ist. Geschäfte im Internet gehen blitzschnell und hinterlassen kaum sichtbare Spuren. Inwieweit durch den E-Commerce Geld am Fiskus vorbei läuft, kann nur vermutet werden. E-Commerce ist dabei aber keine nationale Angelegenheit. Er hat weitreichende Auswirkungen auf die Verteilung des Steueraufkommens zwischen den nationalen Steuerhoheiten. Die unterschiedlichen internationalen Besteuerungsprinzipien und Steuerniveaus laden zu entsprechenden Steuergestaltungen ein. Um sowohl eine Doppelbesteuerung als auch eine völlige Nichtbesteuerung zu vermeiden, bedarf es daher internationaler Anstrengungen, insbesondere im Rahmen der OECD, um eine einheitliche Qualifikation zu entwickeln und die Anknüpfungspunkte für eine nationale Besteuerung festzulegen.

Im Gespräch ist immer mal wieder eine Bit-Steuer oder auch Internetsteuer. In den USA ist das Verbot der Besteuerung von Internetzugängen im Jahr 2004 um drei Jahre verlängert worden. Eine Internet-Steuer sei auch in Deutschland nicht geplant, hat Bundesfinanzminister Eichel im Herbst 2004 verlauten lassen.

4.2 Aktivitäten der Organisation für wirtschaftliche Zusammenarbeit und Entwicklung (OECD) und der Europäischen Union

Eine wichtige Rolle kommt bei Vorgaben für grenzüberschreitende Sachverhalte der Organisation für wirtschaftliche Zusammenarbeit und Entwicklung (OECD), aber auch der Europäischen Union (EU) zu. Bereits 1998 hat das Committee of Fiscal Affairs (CFA) der OECD in Ottawa steuerliche Rahmenbedingungen (Electronic Commerce: Taxation Framework Conditions) verabschiedet, deren Kernaussage war, dass die für den konventionellen Handel geltenden steuerlichen Prinzipien grundsätzlich auch für den E-Commerce gelten sollen. Folgende Prinzipien sollten für den electronic commerce gelten: neutrality, efficiency, certainty and simplicity, effectiveness and fairness, and flexibility. Mit dem Thema „Electronic Commerce" beschäftigt sich eine eigene Unterabteilung des CFA. Eingerichtet wurden auf Ebene der OECD auch fünf Arbeitsgruppen (sog. Technical Advisory Groups – TAGs), unter anderem für die Bereiche „Business Profit", „Income Characterization" und „Consumption Tax". Ein Diskussionspapier vom November 2003 beschäftigt sich insbesondere mit der Geeignetheit der gegenwärtigen Verträge im Hinblick auf den E-Commerce und hinterfragt, welche Auswirkungen der E-commerce für einzelne Länder haben kann (residence and source countries).

In der Europäischen Union hat man erkannt, dass der elektronische Handel sein Potenzial nur dann voll entfalten kann, wenn die steuerpolitischen Entscheidungen zu einem wachstumsfreundlichen Klima beitragen und zugleich die Interessen aller Beteiligten schützen, vgl. Vorwort des von der EU-Kommission am 7. Juni 2000 vorgelegten Vorschlags für eine Richtlinie des Rates zur Änderung der Richtlinie 77/388/EWG bezüglich der mehrwertsteuerlichen Behandlung bestimmter elektronisch erbrachter

Dienstleistungen [KOM(2000) 349]. Dem Vorschlag lagen drei Grundsätze zu Grunde: Keine neuen oder zusätzlichen Steuern, sondern Anpassung der geltenden Regelungen an die Entwicklung im elektronischen Geschäftsverkehr. Zweitens sollen elektronische Leistungen nicht als Lieferung, sondern als Erbringung von Dienstleistungen behandelt werden. Drittens soll nur die Erbringung von Dienstleistungen zum Verbrauch innerhalb der EU auch in der EU besteuert werden. Die nach mehrjähriger Diskussion verabschiedete sog. E-Commerce-Richtlinie 2002/38/EG des Rates vom 7. Mai 2002 (ABl. EG Nr. L 128/2002, Seite 41) ist mit dem Gesetz zum Abbau von Steuervergünstigungen und Ausnahmeregelungen (Steuervergünstigungsabbaugesetz) vom 16. Mai 2003 (BGBl.I S. 660) in deutsches Recht umgesetzt worden.

Ziel der E-Commerce-Richtlinie ist es einmal, gleiche Wettbewerbsbedingungen für Unternehmen zu schaffen, die in der EU oder in einem Drittland ansässig sind. Unter Berücksichtigung des bestehenden Systems sollen EU-Unternehmer im Falle elektronischer Dienstleistungen an Abnehmer in Drittstaaten auch umsatzsteuerfrei leisten können. Andererseits soll aber auch sicher gestellt sein, dass elektronische Dienstleistungen von Unternehmern aus Drittstaaten an Abnehmer in der EU der Besteuerung unterliegen. Dies wird dadurch erreicht, dass als Ort der Dienstleistung der Ort bestimmt ist, an dem der Empfänger den Sitz seiner wirtschaftlichen Tätigkeit oder eine feste Niederlassung hat, Art. 9 Absatz 2 Buchstabe e der 6.MwSt.-Richtlinie. Lange diskutiert wurde die Behandlung von online-Umsätzen von Unternehmen aus Drittstaaten an in der EU ansässige Nichtsteuerpflichtige. Ursprünglich war vorgeschlagen worden, dass sich die Unternehmer aus Drittstaaten im Falle von Leistungen an Nichtsteuerpflichtige in einem EU-Land ihrer Wahl hätten registrieren lassen können. Um eine Registrierung in einer Vielzahl von EU-Ländern überflüssig zu machen, soweit Umsätze mit nicht steuerpflichtigen Personen in diesen Ländern gegeben sind, sieht eine Sonderregelung jetzt vor, dass zwar die Registrierung in einem Land nach Wahl stattfinden kann und auch die Steuererklärungen online in diesem Staat einzureichen sind, dass aber die Abrechnung jeweils den Steuersatz des Landes zu berücksichtigen hat, in dem der Leistungsempfänger ansässig ist. Über ein Clearingverfahren sollen die Mitgliedstaaten dann das ihnen zustehende Steueraufkommen erhalten (revenue-sharing-system). Regelungen über die Registrierung der nicht in der EU ansässigen Steuerpflichtigen, über deren Identifizierung, die Vergabe einer Identifikationsnummer und auch die Anforderungen an die Steuererklärungen finden sich in Art. 26c der 6. MwSt.-Richtlinie. Nach Art. 4 der sog. E-Commerce-Richtlinie gelten die Neuregelungen zunächst für drei Jahre ab dem Datum, zu dem die Mitgliedstaaten die Regelungen der E-Commerce-Richtlinie umgesetzt haben sollten, also ab dem 1. Juli 2003. Abzuwarten bleibt, welche Erfahrungen mit den Neuregelungen bis zum 30. Juni 2006 gemacht werden. Deutschland hat die Neuregelungen im Umsatzsteuerrecht nicht befristet. Dies kann dafür sprechen, das kein Interesse an einer weiteren Änderung besteht und auf eine Fortsetzung des gefundenen Kompromisses gesetzt wird.

Neben der sog. E-Commerce-Richtlinie ist die Verordnung des Rates (EG) Nr. 792/2002 vom 7. Mai 2002 über die Zusammenarbeit auf dem Gebiet der indirekten Besteuerung (MWSt.) im Hinblick auf zusätzliche Maßnahmen betreffend den elektronischen Geschäftsverkehr zu beachten. Die Verordnung ist nicht in nationales Recht umzusetzen und ist seit dem 22. Mai 2002 in den Mitgliedstaaten unmittelbar geltendes Recht. Inhalt der Verordnung ist im wesentlichen der Austausch und die Übermittlung von Informationen, damit jeder Mitgliedstaat in der Lage ist, seine Steueransprüche zu kennen und geltend zu machen. Entsprechend der Umsetzungsfrist für die E-Commerce-Richtlinie sieht die Verordnung einen Informationsaustausch erst ab dem 1. Juli 2003 vor.

4.3 Steuerliche Aspekte für den Unternehmer

Muss der Unternehmer auch ohne Internet regelmäßig prüfen, ob sich Möglichkeiten einer Steueroptimierung bieten, so gilt im Zusammenhang mit Geschäftsprozessen über das Internet erst recht, dass sich der Unternehmer für die Situation in anderen Ländern interessieren sollte. So stellen sich im Zusammenhang mit Wirtschaftsaktivitäten im Internet zahlreiche Fragen:

- Welcher Einkunftsart ist das durch den E-Commerce generierte Einkommen zuzuordnen?
- Wo bzw. in welchem Land entsteht das steuerpflichtige Einkommen?
- Begründen Wirtschaftsaktivitäten im Internet, insbesondere der Einsatz eines Servers, eine feste Geschäftseinrichtung bzw. eine Betriebsstätte?
- Wo ist der im E-Commerce engagierte Unternehmer ansässig im Sinne des Steuerrechts?

Gerade die letzte Frage ist von zentraler Bedeutung, weil der Wohnsitz natürlicher Personen bzw. der Sitz von Gesellschaften den Anknüpfungspunkt für deren Besteuerung darstellt. Hinzu kommen praktische Fragen der Identifikation der Steuerpflichtigen, die E-Commerce betreiben, der Verifikation der Steuerbemessungsgrundlage und der Steuererhebung. So werden bei reinen Netzgeschäften wie etwa dem Herunterladen von Software, Musik oder Videos keine Waren mehr versendet. Damit fehlt den Finanzbehörden der greifbare Tatbestand, an den sie in der Vergangenheit steuerliche Folgen geknüpft haben. Nicht einmal die Tatsache, wer als Unternehmer wo auftritt, ist für die Behörden erkennbar. Ein einziger leistungsfähiger Server kann heute schon einen Internet-Unternehmer ausmachen und erhebliche Umsätze versprechen. Der Server kann überall stehen bzw. den Standort wie im Falle eines Laptops wechseln.

Unabhängig vom E-Commerce gibt es Steueroasen, die mit niedrigen Steuern oder völliger Steuerfreiheit locken. Ihnen kommt im Zeitalter des E-Business eine völlig neue Bedeutung zu, da eine physische Präsenz im Land des Kunden oftmals entbehrlich ist. In diesem Zusammenhang können auch sog. Daten-Oasen interessant sein, Orte, bei denen das Datengeheimnis im Vordergrund steht. Zum anderen verstärken insbesondere die Staaten, die mehr Produkte in elektronischer Form importieren als exportieren, ihre Bestrebungen, das jeweilige Steueraufkommen zu sichern.

4.4 Steuerliche Bewertung von E-Commerce-Transaktionen

Steuerliche Besonderheiten im Bereich E-Commerce ergeben sich vor allem bei grenzüberschreitenden Leistungsbeziehungen. Bei der Umsatzsteuer können sich Unterschiede bei der steuerlichen Behandlung bereits dann ergeben, wenn das Unternehmen seine Produkte nicht in physischer, sondern in elektronischer Form vertreibt.

4.4.1 Umsatzsteuer für auf elektronischem Weg erbrachte sonstige Leistungen

Der zum Beispiel für die Lieferung von Büchern oder Zeitschriften ermäßigte Steuersatz von 7 % statt dem vollen Umsatzsteuersatz von 16 % [vgl. § 12 Umsatzsteuergesetz (UStG) in Verbindung mit der Anlage zu § 12 Absatz 2 Nummern 1 und 2 UStG] kann bei der „Lieferung" der Zeitung über das Internet - etwa über ein elektronisches Abonnement - nicht mehr in Anspruch genommen werden, weil keine Lieferung im Sinne des Gesetzes mehr gegeben ist, sondern eine sonstige Leistung. Hier kommt es also entgegen aller politischen Beteuerungen zu einer Benachteiligung des E-Commerce, bzw. die Sonderregelung für den ermäßigten Steuersatz greift nicht mehr. Diese Schlechterstellung folgt aus der unterschiedlichen steuerlichen Behandlung von Offline- und Online-Transaktionen.

Bei Offline-Transaktionen erfolgt nur die Bestellung, nicht aber die Lieferung über das Internet (Beispiele sind die Bestellung von Büchern oder sonstigen Waren über das Internet oder auch die Vermittlung von Reisen). Besonderheiten hinsichtlich der umsatzsteuerlichen Auswirkungen ergeben sich nicht. Die Lieferung von Gegenständen, die über das Internet bestellt wurden, wird umsatzsteuerlich genau so behandelt, als wäre die Bestellung telefonisch oder schriftlich erfolgt. Darüber hinaus sind aber die für den Versandhandel und andere Formen des „Fernabsatzes" geltenden gesetzlichen Vorschriften zu beachten und anzuwenden.

Bei Online-Transaktionen hingegen wird auch die eigentliche Leistung des Unternehmens elektronisch erbracht. Als eine auf elektronischem Weg erbrachte sonstige Leistung im Sinne des § 3a Absatz 4 Nr. 14 Umsatzsteuergesetz (UStG) wird eine Leistung angesehen, die über das

Internet oder ein elektronisches Netz, einschließlich Netzen zur Übermittlung digitaler Inhalte, erbracht wird und deren Erbringung auf Grund der Merkmale der sonstigen Leistung in hohem Maße auf Informationstechnologie angewiesen ist (vgl. Umsatzsteuerrichtlinien 2005 zu § 3a UStG, Abschnitt 39c Absatz 1). Eine beispielhafte Auflistung von elektronischen Dienstleistungen findet sich im Anhang L der 6. MwSt.-Richtlinie (77/388/EWG) oder auch in den Umsatzsteuerrichtlinien 2005 zu § 3a UStG (Abschnitt 39c): Bereitstellung von Websites, Webhosting, Fernwartung von Programmen, Bereitstellung von Software und deren Aktualisierung (wie z. B. Software zur Virusbekämpfung; Bannerblocker; Herunterladen von Treibern oder automatisierte Online-Installation von Filtern auf Websites), Online-Data-Warehousing (Datenspeicherung und -abruf auf elektronischem Weg), Bereitstellung von Bildern, Texten oder Datenbanken, Bereitstellung von Musik, Filmen, und Spielen oder auch die Erbringung von Fernunterrichtsleistungen. Zur Abgrenzung wird in den Umsatzsteuerrichtlinien 2005 darauf hingewiesen, dass es sich um Lieferungen und nicht um auf elektronischem Weg erbrachten sonstigen Leistungen handelt bei der Lieferung von Gegenständen nach elektronischer Bestellung und Auftragsbearbeitung, bei der Lieferung von Disketten und ähnlichen körperlichen Datenträgern oder auch bei der Lieferung von Spielen auf CD-ROM. Neben der Abgrenzung zu Lieferungen gibt es auch sonstige Leistungen, die nicht auf elektronischem Weg erbracht werden: Versteigerungen herkömmlicher Art, bei denen lediglich die Gebote per Internet abgegeben werden, Beratungsleistungen von Rechtsanwälten per Email, Internettelefonie, Telefon-Helpdesks oder auch der Fernunterricht per Post (vgl. Umsatzsteuerrichtlinien 2005 zu § 3a UStG, Abschnitt 39c Absätze 5 und 6).

Die Umsetzung der E-Commerce-Richtlinie in das deutsche Recht führte zu Ergänzungen der bestehenden Regelungen, nicht aber zu einem völlig neuen System. Schon bisher gab es mit § 3a UStG eine Vorschrift über den Ort der sonstigen Leistung.

Für die Beurteilung eines Sachverhaltes sind regelmäßig einige Fragen zu klären:

- welche Art von Leistung bzw. sonstiger Leistung liegt vor?
- an welchem Ort wird die Leistung ausgeführt, am Sitz des Unternehmers oder des Leistungsempfängers?
- ist Leistungsempfänger ein Unternehmer oder kein Unternehmer?
- hat der Leistungsempfänger seinen Sitz bzw. Wohnsitz im Gemeinschaftsgebiet oder im Drittlandsgebiet?

Die Art der Leistung hat Auswirkungen auf den Ort der Leistung und damit auch auf die Besteuerung. Wie bereits dargestellt, ist selbst bei Software zu klären, ob eine Lieferung oder sonstige Leistung gegeben ist. Wegen bestehender Sonderregelungen ist aber selbst innerhalb der sonstigen Leistungen eine Zuordnung notwendig. Grenzfälle kann es geben zwischen „sonstigen Leistungen auf dem Gebiet der Telekommunikation (§ 3a Absatz 4 Nr.12 UStG), Rundfunk- und Fernsehleistungen (§ 3a Absatz 4 Nr.13 UStG) und den auf elektronischem Weg erbrachten sonstigen Leistungen (§ 3a Absatz 4 Nr.14 UStG)". So sind Rundfunk- und Fernsehprogramme, die über Satellit verbreitet werden, Leistungen nach § 3a Absatz 4 Nr.13 UStG, Rundfunk- und Fernsehprogramme, die über das Internet oder ein ähnliches Netz verbreitet werden, dagegen Leistungen nach § 3a Absatz 4 Nr.14 UStG. So ist die Übertragung von Informationen via Internet oder die Verschaffung von Zugangsberechtigungen zum Internet eine sonstige Leistung auf dem Gebiet der Telekommunikation nach § 3a Absatz 4 Nr.12 UStG, während die Information über Waren oder Börsendaten im Internet eine auf elektronischem Weg erbrachte sonstige Leistung nach § 3a Absatz 4 Nr.14 UStG ist.

Hinweise für einzelne Fallkonstellationen

Wenn nachfolgend Aussagen zu denkbaren Konstellationen in einer Leistungsbeziehung gemacht werden, so soll unterstellt werden, dass der leistende Unternehmer und der Leistungsempfänger identifiziert sind. Das kann im Einzelfall mit Schwierigkeiten verbunden sein, denn das Internet bietet die Möglichkeit, die Identität erst mal nicht offen zu legen. Erst die Anwendung von kryptographischen Verschlüsselungssystemen wie der

Digitalen Signatur würde die erforderliche Identifikation des Kunden sicherstellen.

Für die folgenden Fallkonstellationen wird davon ausgegangen, dass ein Unternehmer mit Sitz in Deutschland eine Leistung erbringt. Bis auf die Sonderregelungen im Falle „der auf elektronischem Weg erbrachten sonstigen Leistungen" unter Beteiligung von Drittlandsunternehmen gelten für alle sonstigen Leistungen im Sinne von § 3a Absatz 4 UStG die gleichen Bestimmungen.

a) Ist Leistungsempfänger ebenfalls ein Unternehmer mit Sitz in Deutschland, gelten die allgemeinen Regelungen, d. h. die Rechnung ist mit Umsatzsteuer zu stellen und der vorsteuerabzugsberechtigte Leistungsempfänger kann die Umsatzsteuer als Vorsteuer geltend machen. Die Leistung gilt nach § 3a Absatz 3 Satz 1 UStG dort als ausgeführt, wo der Empfänger sein Untenehmen betreibt. Wird die sonstige Leistung an die Betriebsstätte eines Unternehmers ausgeführt, ist der Ort der Betriebsstätte maßgebend, § 3a Absatz 3 Satz 2 UStG.

b) Ist Leistungsempfänger ein Nichtunternehmer in Deutschland, gibt es für die auf elektronischem Weg erbrachten sonstigen Leistungen ebenfalls keine Besonderheiten. Nach der grundsätz lichen Regelung des § 3a Absatz 1 Satz 1 UStG wird die sonstige Leistung an dem Ort ausgeführt, von dem aus der Unternehmer sein Unternehmen betreibt. Der Unternehmer stellt eine Rechnung mit deutscher Umsatzsteuer.

c) Ist Leistungsempfänger ein Unternehmer im Gemeinschaftsgebiet - ohne Deutschland -, so gilt die Leistung wie in Alternative a) dort als erbracht, von wo aus der Leistungsempfänger sein Unternehmen betreibt, also in einem EU-Mitgliedstaat (vgl. § 3a Absatz 3 Sätze 1 und 2 UStG). Um zu verhindern, dass der deutsche Unternehmer ausländische Umsatzsteuer geltend machen und abführen muss und sich in einer Vielzahl von Staaten registrieren lassen muss, gilt über die reverse-charge-Regelung, dass der Leistungsempfänger die Umsatzsteuer schuldet und abführt (in Deutschland: § 13b Absatz 1 Nr.1, Absatz 2 Satz 1 UStG). Der deutsche Unternehmer stellt in der Sache eine Nettorechnung, muss sich dabei aber sicher sein, dass sein Gegenüber ein registriertes Unternehmen ist. Über eine qualifizierte Abfrage der Umsatzsteuer-Identnummer über das Bundesamt für Finanzen, die mittlerweile auch elektronisch möglich ist (**www.bff-online.de**), kann der Unternehmer Sicherheit erlangen. Deutsche Unternehmer mit eigener Umsatzsteueridentifikationsnummer können damit online den Namen und die Anschrift des Inhabers einer ausländischen Umsatzsteueridentifikationsnummer überprüfen.

d) Ist Leistungsempfänger ein Nichtunternehmer im Gemeinschaftsgebiet, so liegt der Leistungsort dort, von wo aus der Unternehmer sein Unternehmen betreibt. Der deutsche Unternehmer hat damit eine Rechnung mit deutscher Umsatzsteuer zu stellen, vgl. § 3a Absatz 1 Satz 1 UStG.

e) Ist Leistungsempfänger einer auf elektronischem Weg erbrachten sonstigen Leistung ein Unternehmer in einem Drittland, so gilt die Leistung auch in diesem Fall als am Sitz des Leistungsempfängers erbracht. Eine Besteuerung in der EU erfolgt nicht. Abzuklären wäre im Einzelfall, wie das Drittland die Besteuerung geregelt hat.

f) Ist Leistungsempfänger einer sonstigen Leistung ein Nichtunternehmer mit Sitz bzw. Wohnsitz in einem Drittland, so gilt wie auch im Falle von e), dass die Leistung am Sitz des Leistungsempfängers erbracht wird, § 3a Absatz 3 Satz 3 UStG. Abgewichen wird insoweit von der Regelung nach § 3a Absatz 1 Satz 1 UStG.

Diese Regelung gilt im Ergebnis auch dann, wenn ein nicht im Gemeinschaftsgebiet ansässiger Unternehmer sonstige Leistungen auf elektronischem Weg an in der EU ansässige Nichtunternehmer erbringt, § 3a Absatz 3a UStG. Es ist damit immer die Umsatzsteuer des Landes in Rechnung zu stellen, die am Sitz des Nichtunternehmers gilt (siehe oben zur Diskussion in der EU). Erreicht werden damit gleiche Wettbewerbsbedingungen von Unternehmen mit Sitz im Gemeinschaftsgebiet oder in Drittländern. Abweichend von den Bestimmungen nach § 18 Absätze 1 bis 4 UStG kann sich der nicht in der EU ansässige Unternehmer jedoch dafür entscheiden, nur in einem Mitgliedstaat erfasst zu werden, § 18 Absatz 4c

UStG. Zum Besteuerungsverfahren eines nicht in der EU ansässigen Unternehmers, der sich für die „Einortregistrierung" entschieden hat und diese in Deutschland beim zuständigen Bundesamt für Finanzen vorgenommen hat, soll auf die Umsatzsteuer-Richtlinien 2005, Abschnitt 39c Absätze 7 bis 14 verwiesen werden.

Bleibt als letzte Alternative der nicht in der EU ansässige Unternehmer, der eine sonstige Leistung an einen Unternehmer mit Sitz in der EU erbringt. Entsprechend des vorgenannten Beispieles unter c) wird die Leistung am Sitz des Leistungsempfängers erbracht. Über die reverse-charge-Regelung ist der Leistungsempfänger auch Steuerschuldner. Das Drittlandsunternehmen hat damit in der EU keine steuerlichen Pflichten zu erfüllen. Wegen der unterschiedlichen Behandlung von Unternehmern und Nichtunternehmern hat sich das leistende Untenehmen aber Sicherheit über den Leistungsempfänger zu verschaffen. Im Zweifel wird das Finanzamt versuchen, sich an dem leistenden Unternehmen schadlos zu halten.

Abzuwarten bleibt, wie das System der Registrierung von Unternehmen mit Sitz in Drittländern im Falle von Leistungen an Nichtunternehmer in der EU, die Kommunikation der einzelnen Steuerbehörden untereinander und letztlich auch der finanzielle Ausgleich funktionieren wird. Auf lange Sicht wäre sicher ein global geltendes System wünschenswert.

4.4.2 Ertragssteuerliche Behandlung des E-Commerce

In der Einleitung ist auch die Frage gestellt worden, in welchem Land das Einkommen der Steuerpflicht unterliegt. Anknüpfungspunkt ist, wie oben dargelegt, der Sitz des Unternehmens und der Ort der Geschäftsleitung. Im deutschen Steuerrecht gilt das sog. Welteinkommensprinzip. Danach unterliegen inländische Unternehmen grundsätzlich mit ihren gesamten Einkünften der deutschen Einkommen- oder Körperschaftsteuer. Soweit jedoch ein zweiter Staat dieselben Einkünfte aufgrund ihrer Herkunft im Inland im Rahmen der beschränkten Steuerpflicht besteuert und damit eine Quellenbesteuerung vornimmt, führt dies zu einer Doppelbesteuerung. Entsprechende Abkommen regeln in diesen Fällen, welcher von zwei Staaten (vorrangig) die Einkünfte besteuern darf. Geregelt wird auch, in welcher Weise der Quellenstaat Einkünfte, die aus seinem Territorium bezogen werden, entweder nicht, nur eingeschränkt oder uneingeschränkt besteuert. Eine Doppelbesteuerung soll also vermieden werden.

Ob Unternehmen bei E-Commerce-Aktivitäten eine Betriebsstätte im Staat des Kunden begründen, ist unter steuerrechtlichen Gesichtspunkten von großer Bedeutung, weil eine Betriebsstätte sowohl innerstaatlich als auch auf der Ebene der Doppelbesteuerungsabkommen zugleich Anknüpfungspunkt und Begrenzung für die Besteuerung sein kann.

Die Gewinnbesteuerung in Deutschland verlangt in der Regel, dass der Steuerpflichtige eine Betriebsstätte in der Bundesrepublik unterhält, vgl. § 49 Absatz 1 Nr. 2a Einkommensteuergesetz (EStG). Auch das OECD-Musterabkommen (OECD-MA) knüpft an den Begriff der Betriebsstätte an, vgl. Art. 7. Noch nicht abschließend geklärt ist jedoch, wann eine Betriebsstätte vorliegt. Bestimmungen dazu enthalten § 12 Abgabenordnung, aber auch Art. 5 OECD-MA.

Betriebsstättenproblematik

Im Zusammenhang mit dem Internet gibt es jedenfalls zwei Einrichtungen, deren Eignung als Betriebsstätte diskutiert wird. Neben der reinen Webpage, die nach herrschender Meinung keine Betriebsstätte begründet (Spanien und Portugal sehen das wohl anders) geht es insbesondere um den Server. Je nach dem, wo der Unternehmer seinen Server aufstellt bzw. seinen tragbaren Computer platziert, könnte er dann eine Besteuerung in Deutschland verhindern.

Die Diskussion, ob und wann ein Server eine Betriebsstätte darstellt, ist noch nicht abgeschlossen. Zentrale Frage sowohl in Deutschland als auch bei der Auslegung von Art. 5 OECD-MA ist, ob eine Betriebsstätte angenommen werden kann, wenn diese ohne jeden Personaleinsatz auskommt. In Deutschland wird in dieser Frage gern auf die sog. Pipeline-Entscheidung des Bundesfinanzhofes verwiesen, der mit Urteil vom 30.10.1996 (III R 12/92, BStBl. II 1997, 12) entschieden hatte, dass eine Pipeline, durch die ein ausländisches Unternehmen Rohöl transportiert, eine Betriebsstätte darstellen kann. Diese Auffassung hat sich jedoch bisher nicht durchgesetzt. Der Erlass der OFD Karlsruhe vom 11.11.1998

(S 1301 A - St 332) wird überwiegend jedenfalls so verstanden, dass ein Server keine Betriebsstätte darstellt. Ein neueres Urteil des Schleswig-Holsteinischen Finanzgerichts vom 06.09.2001 (II 1224/97), geht jedoch davon aus, dass allein die Installation eines Rechners zur Begründung einer Betriebsstätte reicht, auch wenn kein eigenes Personal beschäftigt wird, in diesem Fall in der Schweiz. Gegenstand der Auslegung war der Begriff der Betriebsstätte nach dem DBA mit der Schweiz. Das Gericht führte aus, dass der Rechner auch nicht nur der Vorbereitungs- und Hilfstätigkeit des Unternehmens diente. Eine solche Tätigkeit würde nach Art. 5 Absatz 4 Ziffer e) OECD-MA eine Betriebsstätte ausschließen. Auf die Revision des Finanzamtes hat der Bundesfinanzhof in seiner Entscheidung vom 5. Juni 2002 (Az: I R 86/01) zwar festgestellt, dass die Revision begründet sei, die streitige Frage, ob der installierte Rechner eine Betriebsstätte sei, hat er jedoch offen gelassen, weil darüber nicht abschließend befunden werden müsste. Man darf also weiter auf eine Klärung gespannt sein.

Weitere Probleme zeigen sich, wenn eine Vielzahl gleicher Websites auf verschiedenen Servern in verschiedenen Ländern platziert wird, so dass der Nutzer bzw. Endverbraucher je nach Dichte des Electronic Commerce an verschiedene Server verwiesen wird. Auch könnte die Website elektronisch nach jeweils kurzen Zeitabständen auf einen neuen Server in einem anderen Land transferiert werden.

Der Nachweis einer festen Geschäftseinrichtung dürfte für die Finanzbehörden in diesen Fällen verwaltungstechnisch gar nicht mehr durchführbar sein. Die Internet-Besteuerung wird damit zu einem Verfahren nach dem Zufallsprinzip. Denn der Fiskus bleibt auf die Bekanntgabe von Umsätzen und Gewinnen durch die Geschäftstreibenden angewiesen.

Gewinnermittlung, § 5 Einkommensteuergesetz

Im Rahmen der Gewinnermittlung bei Gewerbetreibenden, die auf Grund gesetzlicher Vorschriften verpflichtet sind, Bücher zu führen und regelmäßig Abschlüsse zu machen, stellt sich bei bestimmten Wirtschaftgütern die Frage, ob es sich um immaterielle Wirtschaftsgüter nach § 5 Absatz 2 Einkommensteuergesetz handelt. Sofern Software ein selbstständiges

Wirtschaftsgut ist, wird sie grundsätzlich als immaterielles Wirtschaftsgut zu sehen sein. Trivialprogramme werden jedoch als materielle Wirtschaftsgüter gesehen. Als immaterielle Wirtschaftsgut können aber auch Web-Dateien im Internet anzusehen sein. Gleiches wird zu gelten haben für eine Domain und auch den Internet-Auftritt. Die Kosten späterer Programmpflege, auch Updates, sind grundsätzlich sofort abziehbare Betriebsausgaben.

Bestimmung der Einkunftsart

Aus der Zuordnung zu einer oder einer anderen Einkunftsart können sich materielle Unterschiede bei der Besteuerung insbesondere in grenzüberschreitenden Fällen ergeben. Es besteht das Risiko einer Doppelbesteuerung. Je nach Zuordnung kann es auch zur Anwendung unterschiedlicher Steuererhebungsmethoden kommen.

Probleme bereitet einmal die Zuordnung von Zahlungen für die Überlassung von Computer-Software zu den verschiedenen Einkunftsarten. Liegt ein Kauf (dann Veräußerungsgewinn) vor oder stellt die Zahlung eine Vergütung für die Überlassung von gewerblichen Schutzrechten und Know-how dar (Lizenzgebühr)? Unterschieden wird bei der Software zwischen Standard-Software, Individual-Software und Trivial-Software. Geäußert hat sich zu diesem Thema einmal die OFD München (Verfügung vom 28.05.1998, S 2303 – 34/11 St 41/42,). In der Überlassung von Standard-Software und auch Trivial-Software wird wohl ein Kauf gesehen. Die Form der Überlassung, in physischer oder elektronischer Form, soll keinen Unterschied machen. Diese Auffassung wird auch vertreten von der OECD, jedenfalls soweit es um den Erwerb von Software zum Zwecke der privaten Nutzung geht. Ob bei Software dann, wenn sie urheberrechtlich geschützt ist (vgl. § 69a UrhG), eine Nutzungsüberlassung und keine Veräußerung mehr gegeben ist, bleibt offen. Eine Tendenz mag dahin gehen, in der Überlassung die Vergabe einer Lizenz zu sehen.

Verrechnungspreisbestimmungen

Ist das Problem bekannt im Zusammenhang mit der Gewinnabgrenzung verbundener Unternehmen, so taucht es in vergleichbarer Weise auch innerhalb eines Unternehmens zwischen Sitz und Betriebsstätte auf. In dem Maße, in dem die Wertschöpfung von körperlichen Dingen an Bedeutung verliert und die in Sachen Wissen und Information zunimmt, muss geklärt werden, wo in welchem Umfang eine Wertschöpfung stattfindet. Hinzu kommt, dass die Flexibilität der elektronischen Welt bewirkt, dass Standorte heute hier und morgen dort sind. Eine Nachvollziehbarkeit und damit eine Zurechnung bestimmter Leistungen ist fast unmöglich.

Im Februar 2001 hat die OECD ein Diskussionspapier veröffentlicht, dass sich mit Gewinnabgrenzungsfragen zwischen Stammhaus und Server-Betriebsstätte befasst. In erster Linie soll auf die von der Betriebsstätte ausgeübten Funktionen abgestellt werden. Durch das bereits angesprochene Steuervergünstigungsabbaugesetz vom Mai 2003 ist auch § 90 Abgabenordnung (Mitwirkungspflichten der Beteiligten) geändert worden. Damit gibt es nun eine gesetzliche Grundlage für Dokumentationspflichten für internationale Verrechnungspreise. Der Finanzverwaltung soll es ermöglicht werden, die Einkünfteabgrenzung zwischen international verbundenen Unternehmen zu prüfen. Mit der sog. Gewinnabgrenzungsaufzeichnungsverordnung (GAufzV) vom 13. November 2003 sind nähere Bestimmungen zu Art, Inhalt und Umfang der zu erstellenden Aufzeichnungen getroffen worden. So ist zum Beispiel auch die Verrechnungspreisanalyse (angewandte Verrechnungspreismethode; Geeignetheit der angewandten Methode; Unterlagen über die Berechnung bei der Anwendung der gewählten Methode; Aufbereitung der zum Vergleich herangezogenen Preise bzw. Finanzdaten unabhängiger Unternehmen über vorgenommnen Anpassungsrechnungen) zu dokumentieren, § 4 Nr. 4 GAufzV. Offen ist, inwieweit diese Verordnung mit höherrangigem Recht vereinbar ist. Die Tatsache, dass die Verordnung nur grenzüberschreitende Sachverhalte erfasst, kann dafür sprechen, dass die Verordnung wegen des Verdachts einer Diskriminierung ausländischer Personen / Untenehmen mit EG-Recht nicht vereinbar ist.

Quellensteuer

Unterliegen Offline-Transaktionen in der Regel keiner Quellensteuer, weil sie als Verkauf von Produkten eingestuft werden können, so ist unklar, ob dies auch für Online-Transaktionen gilt. Ist die Leistung als besondere Form der Gewährung von Rechten einzustufen (z. B. Download von Software), unterliegt sie in vielen Ländern der Quellensteuer.

Sofern eine Leistung der Quellensteuer unterliegt, bleibt weiter zu prüfen,

- ob der Kunde auch in diesem Land ansässig ist,
- ob sich die Steuer nur auf Unternehmen oder auch Privatpersonen erstreckt,
- ob die Steuer nicht durch überlagernde Doppelbesteuerungsabkommen auf einen geringeren Satz oder auf Null herabgesetzt wird.

4.4.3 Zusammenfassung

Vor Aufnahme von E-Commerce-Aktivitäten sollten sowohl die umsatzsteuerlichen als auch die ertragssteuerlichen Konsequenzen sorgfältig überprüft werden. Dabei kommt es wesentlich darauf an, ob Offline- oder Online-Transaktionen durchgeführt werden sollen. Denn während es bei ersteren kaum Unterschiede zu traditionellen Vertriebskanälen gibt, sind bei letzteren eine Reihe von Besonderheiten zu beachten.

Die mit der Betriebsstättenproblematik und den Verrechnungspreisen einhergehenden Auswirkungen auf das Steueraufkommens dürften eine der größten steuerpolitischen Herausforderungen des E-Commerce für die Zukunft sein.

4.5 Finanzverwaltung und Durchsetzung der Besteuerung

Die effektive Durchsetzung der Besteuerung auf den virtuellen Märkten internationaler elektronischer Datennetze dürfte schwieriger sein als die Anpassung der Besteuerungsnormen. Die hohe Mobilität von Internetunternehmen stellt ein Problem dar. Im August 2001 wurde von Seiten des Bundesfinanzministeriums verkündet, dass die Internethändler verstärkt ins Visier genommen werden sollen. Beim Bundesamt für Finanzen soll eine zentrale Internetfahndungsstelle eingerichtet werden. Ein Ansatzpunkt sind Online-Auktionsplattformen wie eBay. Von vielen Nutzern wird eine Plattform wie eBay gewerblich genutzt, auch wenn es die Verkäufer nicht so sehen wollen. Wer die Erlöse jedoch nicht angibt, macht sich unter Umständen der Steuerhinterziehung schuldig. Inzwischen sollen alle Finanzämter in Nordrhein-Westfalen mit zwei Internetfahndern und einem Helfer ausgestattet sein.

Bereits im Jahr 2000 sind über eine Änderung der §§ 146 und 147 Abgabenordnung durch das Steuersenkungsgesetz die Voraussetzungen geschaffen worden, dass die Finanzverwaltung erweiterte Möglichkeiten hat, auf die Unterlagen des Steuerpflichtigen zuzugreifen. Näheres wird in dem Schreiben des Bundesministeriums für Finanzen vom 16.07.2001 „Grundsätze zum Datenzugriff und zur Prüfbarkeit digitaler Unterlagen - GDPdU" (IV D 2 - IV D - 0/S 0316 0136 01) geregelt. Es wird festgestellt, dass die Prüfungsmethoden den modernen Buchführungstechniken angepasst werden müssten. Dies gelte umso mehr, als in zunehmenden Maße der Geschäftsverkehr papierlos abgewickelt werde und ab 01.01.2002 der Vorsteuerabzug aus elektronischen Abrechnungen mit qualifizierter elektronischer Signatur und Anbieter-Akkreditierung nach dem Signaturgesetz möglich sei, vgl. § 14 Absatz 4 Satz 2 UStG.

Durch das Gesetz zur Bekämpfung von Steuerverkürzungen bei der Umsatzsteuer und zur Änderung anderer Steuergesetze vom 19.12.2001 (BGBl. I S.3922) ist dem Bundesamt für Finanzen als weitere Aufgabe die Beobachtung von elektronisch angebotenen Dienstleistungen zur Unterstützung der Landesfinanzverwaltungen bei der Umsatzbesteuerung des elektronischen Handels übertragen worden, vgl. § 5 Absatz 1 Nr. 17 Finanzverwaltungsgesetz.

4.6 Ausblick

Auch wenn im Bereich Umsatzsteuer durch das Steuervergünstigungsabbaugesetz und die Umsetzung der Richtlinienvorgaben viele Fragen für den Binnenmarkt geklärt sind, werfen E-Commerce-Aktivitäten im Bereich des Steuerrechts noch genug Fragen auf. E-Commerce ist keine auf den Binnenmarkt begrenzte Angelegenheit. Das Internet ist kein steuerrechtsfreier Raum. Unter Umständen lassen sich jedoch durch entsprechende Gestaltungen Nachteile des deutschen Rechts vermeiden und die Steuerlast reduzieren.

Wegen des hohen Anteils grenzüberschreitender Geschäfte beim E-Commerce müssen internationale Regelungen getroffen werden, mit denen jedenfalls eine Doppelbesteuerung vermieden wird. Hier ist die OECD gefordert, Vorgaben zu machen.

5 Die Aktionslinie hessen-it

hessen-it ist die Aktionslinie des Hessischen Ministeriums für Wirtschaft, Verkehr und Landesentwicklung für den gesamten IT-Markt in Hessen. hessen-it bietet Informationen und Services zum Online-Markt, zu E- und M-Commerce, zu Software- und Telekommunikationsanbietern sowie über Telearbeit. Angesprochen werden auf der einen Seite die über 6.500 hessischen Anbieter, die Produkte oder Dienstleistungen auf dem Informationstechnologie-Markt anbieten, auf der anderen Seite die kleinen und mittleren Anwender-Unternehmen.

Anbieter-Datenbanken erleichtern die Suche nach geeigneten Dienstleistern bei der Durchführung von IT-Projekten. Gleichzeitig fungieren diese Datenbanken für Anbieter als Informations- und Kommunikations-Plattform, auf der sich diese den Anwendern und potenziellen Kunden präsentieren können.

Newsticker, E-Mail- und Print-Newsletter berichten regelmäßig über den IT-Markt in Hessen. Veröffentlichungen aus der umfangreichen hessen-media Schriftenreihe ergänzen das Informationsangebot der Website, das jedoch weit über das Print-Angebot hinaus geht. Die Broschüren können bequem online bestellt oder heruntergeladen werden.

hessen-it hat verschiedene Netzwerke und Branchentreffs initiiert, in denen sich teils nichtkommerzielle Initiativen, teils kommerzielle Anbieter zusammengeschlossen haben. Regionale Multimedia- und E-Commerce-Zentren sowie IHKs, Handwerkskammern und andere regionale Akteure arbeiten zusammen an dem Ziel, Hessens Weg in die Informationsgesellschaft voran zu bringen.

Einen Überblick über diese Netzwerke und Treffs sowie Terminankündigungen zu Veranstaltungen, an denen sich hessen-it beteiligt, findet man im Online-Terminkalender auf der Website. Denn auch bei internationalen Messen wie der CeBIT oder bei regionalen Veranstaltungen in ganz Hessen sind kompetente Ansprechpartner der Aktionslinie präsent. Hinzu kommen Seminare und Workshops, die hessen-it zu verschiedenen Themen ausrichtet.

Der monatliche IT-Dialog Hessen sorgt neben dem vielfältigen virtuellen Informationsangebot für den realen Kommunikationsaustausch innerhalb der hessischen IT-Branche und der Landesregierung und rundet somit das Leistungsangebot ab. Besuchen Sie unsere Webseiten unter

www.hessen-it.de

6 hessen-media: Eine Initiative setzt Zeichen

Mit der Landesinitiative hessen-media leistet die Hessische Landesregierung einen aktiven Beitrag zur Gestaltung des digitalen Zeitalters. Mit einem Bündel von Projekten, Initiativen und Aktionslinien ebnet sie den Weg zur Informations- und Wissensgesellschaft in Hessen.

Zielsetzung von hessen-media ist die Entwicklung und Verbreitung neuer Informations- und Kommunikationstechnologien und deren Anwendung in Wirtschaft, Privathaushalten und im öffentlichen Sektor, an der Schnittstelle zu Bürgern und Wirtschaft. hessen-media fördert Pilot- und Modellprojekte aus allen Lebens- und Arbeitsbereichen. Dazu gehören:

- Bildung und Wissenschaft
- Gesundheit
- Umweltschutz
- Verkehr
- Wirtschaft
- Verwaltung
- Gesellschaft und Soziales
- Multimedia und IT
- Kultur

In der Landesinitiative hessen-media arbeiten Wirtschaft, Wissenschaft und Politik gemeinsam am Ziel, Hessens Position in der Spitzengruppe europäischer Medien- und IT-Standorte zu festigen und auszubauen.

Zusammengefasst stehen für die Landesinitiative hessen-media bei der Projekttätigkeit und der Öffentlichkeitsarbeit vier Schwerpunkte im Vordergrund:

- Stärkung der Medien- und IT-Wirtschaft in Hessen
- Heranführung neuer Nutzergruppen an die Neuen Medien
- Verbesserung der Medienkompetenz und Qualifizierung im Umgang mit den Neuen Medien
- Marketing für den Medien- und IT-Standort Hessen

Um diese Ziele zu erreichen, konzentriert sich hessen-media neben der Initiierung von Pilot- und Modellprojekten auf die Planung und Durchführung von hessischen Firmen-Gemeinschaftsständen auf zahlreichen Messen der Branche, auf die Vermittlung von Medienkompetenz, die Beratung und Begleitung der hessischen Klein- und Mittelbetriebe, die Bereitstellung von Marktübersichten (beispielsweise die Online-Anbieter-Datenbank unter **www.hessen-it.de**) und eine breite Öffentlichkeitsarbeit, die über die Anwendungsmöglichkeiten interaktiver Dienste und Neuer Medien informiert.

Sind Sie neugierig auf hessen-media? Über unser Internetportal

www.hessen-media.de

erhalten Sie vielfältige Informationen zur Landesinitiative mit Kontaktadressen und Ansprechpartnern konkreter Projekte. Zusätzlich finden Sie dort die neuesten Meldungen aus der hessischen Medien- und IT-Branche und einen Terminkalender mit den wichtigsten Veranstaltungshinweisen. Darüber hinaus können Sie hier den kostenlosen E-Mail-Newsletter der Landesinitiative abonnieren, der für Sie alle 14 Tage kostenlos die neuesten Meldungen aus der hessischen Medienbranche/Medienpolitik in kompakter Form zusammenfasst.

Kontakt:

Geschäftsstelle hessen-media
c/o HA Hessen Agentur GmbH
Abraham-Lincoln-Straße 38-42
65189 Wiesbaden

hessen » Hier ist die Zukunft media

Telefon	0611/774-8481
Telefax	0611/774-8620
E-Mail	info@hessen-media.de
Internet	www.hessen-media.de

Schriftenreihe hessen-media

Bestellmöglichkeit und Download als PDF-Datei finden
Sie im Internet unter **www.hessen-media.de**

hessen-media (wir über uns)

2001 **Hessen-infoline-Netzwerk** (Band 26)

Projektdokumentation (Band 1)

Bildung und Wissenschaft

2002 **Telemedizin in Hessen – Beiträge aus dem Universitätsklinikum Gießen** (Band 24)

2001 **Entwicklung und Einsatz elektronischer Medien als Lehr- und Lernmittel an hessischen Hochschulen** (Band 27)

Kompetenzzentren und Onlinedienste im Schulwesen – Beispiele für hessen-media Projekte (Band 25)

2000 **Bildung ans Netz** (Band 23)

Die virtuelle Universität (Band 15)

1998 **Medienmanagement in Schulen** (Band 8)

E-Government

2002 **Auf dem Weg zu E-Government – Hessens Kommunen im Internet** (Band 37)

Wirtschaftsförderung und Standortmarketing im Internet (Band 36)

1999 **Hessische Kommunen im Internet** (Band 13)

Marktstudien IT-Standort Hessen

2004 **Softwareanbieter in Hessen 2003** (Band 50)

Telekommunikationsanbieter in Hessen 2003 (Band 49)

2003 **Online-Anbieter in Hessen** (Band 2)

2002 **Softwareanbieter in Hessen – Bestandsaufnahme 2002** (Band 39)

E-Shops in Hessen (Band 28)

2000 **Der Telekommunikationsmarkt in Hessen** (Band 21)

Leitfäden für IT-Anwendungen

2005 **Gefunden werden im Internet** (Band 32, 2. Auflage)

Recht im Internet (Band 33, 2. Auflage)

Online-Marketing für kleine und mittlere Unternehmen (Band 51)

2004 **Wettbewerbsvorteile durch barrierefreie Internetauftritte** (Band 48)

Domainregistrierung international (Band 47)

Wireless-LAN: Stand und Entwicklungspotenzial, Nutzungsansätze für KMU (Band 46)

2003 **E-Business-Konzepte für den Mittelstand** (Band 45)

Leitfaden „In modernen Märkten überleben" (Band 44)

2003 **Projektleitfaden „Software-Ergonomie"** (Band 43)

„Digitale Signatur", Leitfaden zum Einsatz digitaler Signaturen (Band 42)

Die Bedeutung der E-Logistik für den Mittelstand (Band 41)

Management von Kundenbeziehungen im Internet (Band 40)

Leitfaden „Webdesign – Internetpräsenzen besser planen und gestalten" (Band 7)

2002 **IT-Sicherheit für den Mittelstand** (Band 38)

E-Paymentsysteme – Bezahlen im Internet (Band 35)

ASP: Mehr als nur Mietsoftware (Band 34)

E-Learning für KMU – Neue Medien in der betrieblichen Aus- und Weiterbildung (Band 31)

Telehaus Wetter – ein TeleServiceZentrum (Band 30)

2001 **Kasseler Praxis-Dialog Tele@rbeit – Analysen · Erfahrungen · Positionen** (Band 29)

2000 **Leitfaden „Webdesign international"** (Band 22)

E-Shop-Software (Band 20)

Hessische Handwerker entdecken das Internet (Band 19)

Leitfaden zur Anwendung eines Ratingsystems für IT-Unternehmen in Hessen (Band 18)

Software-Dialog Hessen (3) (Band 17)

Leitfaden „E-Shop" (Band 16)

Strategisches kennzahlengestütztes Controlling für kleine und mittlere DV-Beratungs- und Softwareunternehmen (Band 14)

weiter: Leitfäden für IT-Anwendungen

1999 **Entwicklung eines Konzeptes für die Errichtung eines Software-Kompetenz-Netzwerks für die chemisch-pharmazeutische Industri**e (Band 12)

Analyse des softwaretechnischen Problemlösungsbedarfs der Medienwirtschaft in Hessen (Band 11)

Software-Dialog Hessen (2) - Software-Trends (Band 10)

Leitfaden „Software-Qualitätsmanagementsystem für den Maschinen- und Anlagenbau" (Band 9)

1998 **Leitfaden für ein kennzahlengestütztes Finanz- und Projektcontrolling für DV-Beratungs- und Software-Unternehmen** (Band 6)

Leitfaden zum Aufbau eines Ratingsystems für Software-Unternehmen in Hessen (Band 5)

Leitfaden zur Einführung eines Qualitätsmanagementsystems in Software-Unternehmen (Band 4)

Software-Dialog Hessen (1) (Band 3)